W0052708

Eine Arbeitsgemeinschaft der Verlage

Böhlau Verlag · Wien · Köln · Weimar
Verlag Barbara Budrich · Opladen · Toronto
facultas.wuv · Wien
Wilhelm Fink · München
A. Francke Verlag · Tübingen und Basel
Haupt Verlag · Bern · Stuttgart · Wien
Julius Klinkhardt Verlagsbuchhandlung · Bad Heilbrunn
Mohr Siebeck · Tübingen
Nomos Verlagsgesellschaft · Baden-Baden
Ernst Reinhardt Verlag · München · Basel
Ferdinand Schöningh · Paderborn · München · Wien · Zürich
Eugen Ulmer Verlag · Stuttgart
UVK Verlagsgesellschaft · Konstanz, mit UVK / Lucius · München
Vandenhoeck & Ruprecht · Göttingen · Bristol
vdf Hochschulverlag AG an der ETH Zürich

Stefanie Samida

Heinrich Schliemann

A. Francke Verlag Tübingen und Basel

Dr. Stefanie Samida hat Ur- und Frühgeschichte, Klassische Archäologie und Mittelalterliche Geschichte studiert und ist derzeit Fellow am Berliner Exzellenzcluster TOPOI.

Bibliografische Information der Deutschen Nationalbibliothek
Die Deutsche Nationalbibliothek verzeichnet diese Publikation in der Deutschen Nationalbibliografie; detaillierte bibliografische Daten sind im Internet über http://dnb.dnb.de abrufbar.

© 2012 • Narr Francke Attempto Verlag GmbH + Co. KG
Dischingerweg 5 • D-72070 Tübingen

Internet: http://www.francke.de
E-Mail: info@francke.de

Titelabbildung: Porträt Heinrich Schliemanns aus der *Illustrated London News* (3. Januar 1891).
Einbandgestaltung: Atelier Reichert, Stuttgart
Satz: Arnold & Domnick, Leipzig
Druck und Bindung: fgb • freiburger graphische betriebe
Printed in Germany

UTB-Nr.: 3650
ISBN 978-3-8252-3650-2

Inhalt

Einführung: Warum Schliemann?

Der Tod Heinrich Schliemanns am 26. Dezember 1890 in Neapel war das beherrschende Thema der Presse zum Jahreswechsel 1890/91. Die Nachricht, dass »der berühmte Archäolog, der Entdecker und Schatzgräber von Ilion«, wie die Augsburger *Allgemeine Zeitung* (AAZ) am 27. Dezember in ihrem Zweiten Abendblatt berichtete, verschieden sei, verbreitete sich in Windeseile und rief nicht nur in Deutschland, sondern weltweit Bestürzung hervor. Allerdings mischten sich unter die zahllosen Schliemanns große Verdienste für die Archäologie betonenden Nachrufe schon damals durchaus kritische Töne. Der österreichische Urgeschichtler Moritz Hoernes (1852–1917) etwa hob im *Neuen Wiener Tageblatt* vom 29. Dezember 1890 hervor: »Wer würde heute von Schliemann sprechen, hätte er nicht ›Troja entdeckt‹, sondern irgendeinen namenlosen, wenn auch wissenschaftlich ebenso interessanten Flecken an einem anderen Punkt im Küstengebiet des Mittelmeeres erschlossen«. Rückblickend und mit dem heutigen Wissen über Schliemann und seine Ausgrabungen können wir Hoernes zweifellos beipflichten: Ohne die damals sensationellen Forschungen am Ruinenhügel Hisarlık (Türkei) und die Gleichsetzung dieser Ruine mit dem homerischen Troja wäre Schliemanns Name kaum mehr als eine Fußnote der Archäologiegeschichte. Sein Erfolg als Archäologe und sein Ruhm als »glücklicher Entdecker« (AAZ, 29. Januar 1887) ist also aufs Engste mit dem von dem griechischen Dichter Homer in der *Ilias* beschriebenen Troja verbunden. Schliemann und Troja, ja Schliemann und die Archäologie, werden noch heute in einem Atemzug genannt.

Wie kein anderer deutscher Archäologe hat der Mecklenburger Kaufmann und archäologische Autodidakt Heinrich Schliemann (1822–1890) die damals noch junge Wissenschaft populär gemacht. Mit seinen aufsehenerregenden Entdeckungen – insbesondere in Troja, Mykene und Tiryns – erlangte er nicht nur eine enorme wissenschaftliche, sondern auch publizistische Aufmerksamkeit und damit ein beträchtliches internationales Interesse; über die damalige Tagespresse

* Manfred K.H. Eggert danke ich für seine Anregungen und Kritik, Susanne Fischer für die ausgezeichnete Betreuung des Buches und Dirk Seidensticker für die Erstellung zahlreicher Abbildungen. Mein Dank gilt auch der Gerda Henkel Stiftung, die meine Forschungen zu Heinrich Schliemann unterstützt hat.

waren er und seinen Forschungen weltweit in aller Munde. Für Furore
sorgte besonders, dass die Lösung des alten und bis dato ungelösten
Rätsels *Ubi Troia fuit?* – Wo lag Troia? – einem Laien, zumal in aben-
teuerlicher Manier und gegen die Lehrmeinung zahlreicher Gelehrter,
gelungen war. Schliemanns Methode – nach seiner eigenen Aussage mit
dem Spaten in der einen und der *Ilias* in der anderen Hand – schien
eindeutige, ja im wahrsten Sinn des Wortes greifbare Beweise für seine
Deutung zu liefern. Knapp zwei Jahrzehnte standen der Privatier und
seine Entdeckungen in der Öffentlichkeit, schließlich gelangen ihm
nicht nur in Troia, sondern auch an anderen ›mythischen‹ Stätten wie
Mykene, Tiryns und Orchomenos (alle in Griechenland) große Entdeckungen, die damals keiner für möglich gehalten hätte. In dieser Zeit
haben die Diskussionen um seine Person und seine Methoden die Po-
pularität der Archäologie gefördert, diese zugleich aber auf den Aspekt
des Ausgrabens beschränkt. In seinem 1881 erschienenen Werk *Ilios.
Stadt und Land der Troiane*r bezeichnete Schliemann seine Arbeit in
Troia als »Forschung mit Spitzhacke und Spaten« (Ilios, 747). Er prägte
somit ganz entscheidend die noch heute weit verbreitete Vorstellung
von der Archäologie als einer ›Ausgrabungswissenschaft‹ bzw. ›Spatenwissenschaft‹, die fassbare Tatsachen ans Licht zu bringen und eine
rätselhafte Vergangenheit in entbehrungsreicher Arbeit zu entschlüsseln
vermag. Ein Bild, das später besonders von C. W. Ceram in seinem Buch
Götter, Gräber und Gelehrte. Roman der Archäologie (1949) in zahlreichen Auflagen weitergetragen wurde.

Schliemann gilt, wie auch der berühmte Mediziner, Politiker und
Schliemann-Freund Rudolf Virchow (1821–1902), als Pionier auf archäologischem Gebiet, speziell in der Ur- und Frühgeschichtlichen bzw.
Prähistorischen Archäologie. Während die Prähistorische Archäologie
in den 1870er Jahren noch in den Kinderschuhen steckte, war die Klassische Archäologie – die ›Mutter‹ aller archäologischen Einzelfächer – zu
dieser Zeit bereits seit langem etabliert und an Universitäten institu-
tionalisiert. Ihr Schwerpunkt lag damals jedoch auf der sogenannten
›kunstarchäologischen Forschung‹, die der in Stendal geborene und seit
1755 in Rom arbeitende Johann Joachim Winckelmann begründet hatte.

Johann Joachim Winckelmann (1717–1768) gilt als Nestor der Klassischen
Archäologie. Sein 1764 erschienenes Hauptwerk *Geschichte der Kunst des Al-
terthums* stellt die erste grundlegende Untersuchung des Kunstschaffens des
Altertums dar. Darin nahm er eine Periodisierung der Kunst vor, die in jeder
Epoche zu beobachten sei und er folgendermaßen gliederte: Ursprung, Fort-

gang, Wachstum, Fall. Die so artikulierte normative, also wertende Kunstauffassung beeinflusste bis ins 20. Jahrhundert hinein neben der deutschen Klassischen Archäologie auch andere archäologische Fächer wie die Vorderasiatische Archäologie. Winckelmann wurde 1768 in Triest ermordet.

Während sich die Klassischen Archäologen im 19. Jahrhundert also vornehmlich mit antiken Kunstwerken und Baudenkmälern beschäftigten, lag Schliemanns Verdienst für die Prähistorische Archäologie, so viel sei vorweggenommen, vor allem darin, dass er mit seinen Grabungen in der Ägäis und in Kleinasien nicht nur bislang unbekannte Kulturen erschloss, sondern die vermeintlich unscheinbaren Kleinfunde aus Keramik, Metall und Knochen sowie Pflanzenreste in das Blickfeld der Forschung rückte und damit einen vollkommen anderen methodischen Ansatz verfolgte. Diese ›neue‹ Art der Archäologie, die sich von der vorherrschenden kunsthistorisch geprägten Archäologie abhob, fand anfangs in der Fachwelt nur geringe Unterstützung und wurde mit Skepsis betrachtet. Kaum einer der damaligen Altertumswissenschaftler konnte mit den Ausgrabungsergebnissen etwas anfangen, und viele Gelehrte empfanden das Ausgraben generell als unter ihrer Würde. Der Klassische Archäologe Adolf Michaelis (1835–1910) etwa, ein Zeitgenosse Schliemanns, fällte in seiner 1906 veröffentlichten Arbeit *Die archäologischen Entdeckungen des neunzehnten Jahrhunderts* folgendes, man muss schon sagen ›vernichtende‹ Urteil über ihn: Schliemann, so stellte er fest, fehle jegliche wissenschaftliche Betrachtungs- und Behandlungsweise, da er weder Sinn für die Geschichte noch für die Kunst habe (Michaelis 1906, 184). Diese Aussage verdeutlicht nicht nur die schon angesprochene recht einseitige Auffassung von Archäologie, sondern auch die Überheblichkeit der Fachgelehrten gegenüber einem akademischen Außenseiter. Dennoch schaffte Schliemann den Aufstieg vom anfangs belächelten Dilettanten zum angesehenen Wissenschaftler – sein Freund Rudolf Virchow und sein späterer Mitarbeiter, der Architekt Wilhelm Dörpfeld (1853–1940), waren an dieser Entwicklung nicht ganz unbeteiligt.

Schliemann, das zeigt diese kurze Charakterisierung, ist fraglos einer der faszinierendsten und polarisierendsten Archäologen – das ist keine neue Erkenntnis. Die Schliemannforschung der letzten einhundert Jahre, besonders die kritische Auseinandersetzung mit seiner Person seit den 1970er Jahren, hat viel geleistet. Wurde von seinen ersten Biographen Emil Ludwig (1932) und Ernst Meyer (1969) noch das durch seine Selbstbiographie und durch die von ihm hinterlassenen Quellen (Tagebücher, Briefe etc.) geprägte Bild des Abenteurers und

Helden weitgehend unkritisch übernommen, skizziert die neue Schliemannforschung, angeführt von den Amerikanern William M. Calder III
und David A. Traill, ein völlig anderes Bild des Autodidakten: das Bild
eines Mannes, der nachweislich log und zu Phantastereien und Über-
treibungen neigte. Calders zum 150. Geburtstag Schliemanns am 6.
Januar 1972 um Mitternacht in Neubukow gehaltener Vortrag gilt als
Wendepunkt in der Schliemannforschung, da er eine ganze Reihe von
Unstimmigkeiten in Schliemanns autobiographischen Angaben ausma-
chen konnte. Hier nahm die Dekonstruktion eines Mythos ihren Ausgang, deren Höhepunkt der 100. Todestag des archäologischen Entdeckers im Jahr 1990 sein sollte.

In den letzten Jahren ist es einerseits etwas ruhiger um die Person
Schliemann geworden, während andererseits die Debatte um die Deutung
Troias im sogenannten ›Neuen Kampf um Troia‹ wieder aufflammte. Bis
heute ist die Lokalisierung Troias und dessen kulturgeschichtliche Bedeutung während der Ägäischen Bronzezeit nicht völlig geklärt. Seit 2001
wird daher erneut der Wert des Homerischen Epos für die archäologische Troia-Forschung – ähnlich wie schon zu Schliemanns Zeiten – in
Frage gestellt. Schließlich ist die unkritische Verknüpfung von literari-
scher und archäologischer Überlieferung in methodologischer Hinsicht
problematisch. Damals wie heute geht es um ›Fakten und Fiktionen‹,
›Traum und Wirklichkeit‹, ›Dichtung und Wahrheit‹ oder anders gesagt:
um das Erkenntnispotenzial und die Erkenntnishoheit von Archäologie
und Geschichtswissenschaft.

Was legitimiert nun eine weitere Biographie, wenn doch zu Schliemann scheinbar alles schon gesagt und in unzähligen wissenschaftlichen
und populärwissenschaftlichen Biographien nachzulesen ist? Der Anlass
für die erneute biographische Beschäftigung mit Heinrich Schliemann
im Rahmen der Profile-Reihe hat verschiedene Gründe. Zum einen
könnte Schliemann im Jahr 2012 seinen 190. Geburtstag feiern und zum
anderen wurde die letzte Schliemann-Biographie vor fünfzehn Jahren
von dem Altphilologen und Althistoriker Justus Cobet verfasst. Auch
wenn diese Kurzbiographie 2007 noch einmal in leicht aktualisierter
Form vorgelegt wurde, ist doch festzustellen, dass sie weitgehend auf den
Forschungsergebnissen der Jahre bis etwa 1995 basiert. Darüber hinaus
gibt es bisher nur populärwissenschaftlich gehaltene Biographien, die
sich nicht an den Bedürfnissen der Studierenden orientieren.

Im Folgenden soll eine knappe, aber dennoch das Wesentliche umfassende Biographie Schliemanns, eines der wichtigsten Pioniere der ›Gra-
bungsarchäologie‹, geliefert werden. Die kritische Lebensbeschreibung,

die die in den letzten Jahren gewonnenen neuen Erkenntnisse berücksichtigt, nähert sich der vielgestaltigen und legendenumrankten Persönlichkeit – abweichend von bisherigen Biographien – nicht in strikt chronologischer Manier, sondern bewusst über inhaltliche Aspekte, die sein Leben, seinen Charakter und sein archäologisches Wirken kennzeichnen. Dadurch werden neben den zeitgenössischen auch strukturelle und interpersonale Aspekte seines Lebens – wie z.B. sein Geschäftssinn und seine Rastlosigkeit sowie sein Umgang mit Gegnern oder Freunden – besser fassbar. Schliemann wird darüber hinaus immer wieder selbst zu Wort kommen – er hat zahlreiche Briefe, Berichte und Bücher hinterlassen, die sein Leben und Werk recht eindrücklich illustrieren. Schliemanns schriftlicher Nachlass wird seit 1932 in der *Gennadius Library* der *American School of Classical Studies* in Athen aufbewahrt. Der Nachlass enthält über 34 000 empfangene Briefe aus dem Zeitraum von 1839 bis 1890 und ›Abklatsche‹ von ca. 25 000 Schliemann-Briefen in 43 Kopierbüchern aus der Zeit zwischen 1845 und 1890 sowie 18 Tagebücher, zahlreiche Geschäftsbücher, Sprachübungshefte, Urkunden und vieles mehr. Bis heute ist nur ein Bruchteil der riesigen Korrespondenz mit Verwandten, Freunden, Geschäftspartnern und Gelehrten aus aller Welt veröffentlicht; das betrifft nicht nur Schliemanns archäologische, sondern in besonderem Maße seine kaufmännische Tätigkeit. Von diesen Selbstzeugnissen und Antwortschreiben finden auch einige, bislang unpublizierte Briefe Eingang in diese Lebensbeschreibung.

Ziel der vorliegenden Biographie ist es einerseits, ein vorurteilsloses Lebensbild eines der berühmtesten deutschen Archäologen zu zeichnen. Andererseits möchte das Buch aber auch einen Einblick in die archäologischen Wissenschaften des 19. Jahrhunderts liefern. Dabei dürfte klar sein, dass aufgrund des begrenzten Umfangs eine detaillierte Auseinandersetzung nicht möglich sein wird. Von zentraler Bedeutung ist es vielmehr, Konturen zu zeichnen, also Schliemanns Leben und sein Verständnis von Archäologie kurz und knapp zu umreißen und damit eine Grundlage für die weitere Beschäftigung mit ihm und der Archäologie im 19. Jahrhundert zu legen.

Wie schon angedeutet, wird hier kein chronologischer, sondern ein thematischer Zugang gewählt. Das erste Kapitel stellt daher auch den ›Träumer‹ und Selbstdarsteller Schliemann in den Mittelpunkt. Es beschäftigt sich nicht nur mit Schliemanns Kindheit und Jugend und damit auch mit seinem angeblichen Traum, einst Troia ausgraben zu wollen, sondern auch mit seiner Homergläubigkeit, die seine Interpretation der Grabungsergebnisse stark beeinflusste.

Das anschließende Kapitel 2 nimmt Schliemanns Aufstieg als erfolgreicher Geschäftsmann in den Blick. Seine Kaufmannstätigkeit in Russland und der damit einhergehende gesellschaftliche Aufstieg spielen dabei eine wichtige Rolle. Schliemann war jedoch nicht nur Kaufmann und später Archäologe, sondern auch Kosmopolit (Kap. 3). Das zeigt sich zum einen an seiner außergewöhnlichen Sprachbegabung – er sprach und schrieb über ein Dutzend Sprachen – und zum anderen an den zahlreichen Reisen, die er unternahm, wobei ihn unter anderem eine Weltreise in den 1860er Jahren bis nach China und Japan führte.

Von zentraler Bedeutung für die Archäologie und für dieses Buch ist jedoch sein Wirken als Ausgräber. Kapitel 4 bildet daher nicht nur nach dem Umfang, sondern auch inhaltlich das zentrale Kapitel dieser Biographie. Schliemanns vermeintliche Entdeckung des homerischen Troia gilt gemeinhin als ›Geburtsstunde der modernen Archäologie‹; sie wird in diesem Kapitel ausführlich behandelt, wobei vergleichend ein Blick auf die aktuellen Forschungen in Troia und die Diskussion um die Deutung der Ergebnisse geworfen wird. Dieses Kapitel skizziert darüber hinaus die anderen bedeutenden Grabungen Schliemanns in Mykene, Tiryns und Orchomenos, die bis heute als ›Meilensteine‹ der Archäologie fortwirken. Ferner werden Schliemanns methodische Verdienste für das Fach vor dem Hintergrund der damals praktizierten ›Kunstarchäologie‹ gewürdigt.

Mit seiner Gleichsetzung der Ruinen auf Hisarlık mit dem von Homer beschriebenen Troia trat der archäologische Laie Schliemann aus dem Nichts in den Mittelpunkt des öffentlichen Interesses. Das lag unter anderem daran, dass er seine Entdeckungen medienwirksam in zahlreichen Tageszeitungen, Zeitschriften, Büchern und öffentlichen Vorträgen publik machte – ein Umstand, der bisher in den Biographien weitgehend ausgeblendet wurde. Diesem Aspekt ist daher ein eigenes Kapitel gewidmet (Kap. 5).

In Kapitel 6 wird Schliemanns Charakter vorgestellt. Er war ein ungemein streitbarer Mensch, der keiner Diskussion aus dem Weg ging und der sein Leben lang mit den Größen der Altertumswissenschaft um Anerkennung in der Zunft stritt. Nicht selten trug er seine wissenschaftlichen Dispute in der Öffentlichkeit aus. Dass Schliemann auch sehr nachtragend war, verdeutlicht etwa seine zeitweilig getrübte Freundschaft mit dem Berliner Mediziner Rudolf Virchow.

Das abschließende Kapitel 7 setzt sich sowohl mit dem Schliemann-Mythos als auch mit Schliemanns Erbe auseinander – im Fach wie in der Öffentlichkeit. Zahlreiche populäre Bilder von ›der‹ Archäologie gehen auf Schliemann zurück, so zum Beispiel die bereits angesprochene und weit verbreitete Vorstellung von Archäologie als einer ›Spatenwissenschaft‹ oder das Bild des Archäologen als Abenteurer. Noch heute sorgt Schliemann also für Diskussionsstoff, wenn es um die Frage nach einem angemessenen Bild der Archäologie in der Öffentlichkeit geht.

Biographische Skizze

Heinrich Schliemann wurde am 6. Januar 1822 im mecklenburgischen Neubukow als fünftes Kind der Eheleute Ernst und Luise Schliemann geboren. Er wuchs in Ankershagen auf, wo der Vater eine Pastorenstelle innehatte. Die Ehe seiner Eltern war durch die Affäre des Vaters mit einer Dienstmagd schwer belastet. Nach dem Tod der Mutter im Jahr 1831 lebte Heinrich bei einem Onkel in Kalkhorst bei Grevesmühlen. 1833 besuchte er für drei Monate das Neustrelitzer Gymnasium, musste dieses jedoch aufgrund ständiger finanzieller Schwierigkeiten des Vaters, dem überdies ein Disziplinarverfahren wegen seines zügellosen Lebenswandels anhing, verlassen und wechselte an die Realschule, die er 1836 abschloss. Danach begann er eine Lehre in einem Krämerladen in Fürstenberg und blieb dort bis 1841. Über Rostock, Hamburg und Amsterdam kam er schließlich 1846 nach St. Petersburg; bereits ein Jahr später gründete er dort sein eigenes Handelshaus und nahm die russische Staatsbürgerschaft an. Vor allem während des Krimkrieges (1853–1856) verdiente er ein Vermögen; es diente ihm später zur Finanzierung all seiner Ausgrabungen. 1852 heiratete er die Russin Jekaterina Petrowna Lyshina. Aus dieser Ehe gingen drei Kinder hervor: Sergej, Natalia und Nadeschda. Nach der Auflösung des Handelshauses Mitte der 1860er Jahre begab sich das ›Sprachgenie‹ Schliemann – er sprach neben Deutsch, Englisch, Französisch, Holländisch, Russisch und Griechisch auch Spanisch, Portugiesisch, Italienisch und Arabisch fließend – auf Reisen und besuchte unter anderem Ägypten, Indien, China und Japan. 1866 nahm er seinen Wohnsitz in Paris und hörte an der Pariser Universität unter anderem Vorlesungen in Philosophie, Philologie und Archäologie. Eine erneute Reise – dieses Mal nach Italien, Griechenland und Kleinasien – führte ihn 1868 erstmals in die Troas. Den darüber verfassten Reisebericht, der 1869 zuerst auf Französisch und dann auf Deutsch unter dem Titel *Ithaka, der Peloponnes und Troja. Archäologische Forschungen* erschien, reichte er an der Universität Rostock als Doktorarbeit ein. Dort wurde Schliemann *in absentia* promoviert. Im gleichen Jahr ließ er sich scheiden und heiratete wenig später die dreißig Jahre jüngere, damals 17-jährige Griechin Sophia Engastromenos. Mit ihr hatte er zwei Kinder: Andromache und Agamemnon.

Schon in der Antike gab es, aufgrund der großen Bedeutung der Homerischen Epen und des darin geschilderten Troianischen Krieges, zahlreiche Versuche, das sagenumwobene Troia zu lokalisieren. Besonders mit dem Neuhumanismus und der Etablierung der Homerphilologie gegen Mitte des 18. Jahrhunderts rückte die Frage der Lokalisierung des Ortes in den Vordergrund. Im Zuge des Historismus verstärkte sich der Wunsch nach seiner Identifizierung. Die Lokalisierungsfrage beschäftigte damals nicht nur die Gelehrten, sondern auch zahlreiche Laien – erinnert sei lediglich an den preußischen Militärstrategen Helmuth von Moltke (1800–1891), der den sagenhaften Ort in den dreißiger Jahren des 19. Jahrhunderts ebenfalls zu identifizieren suchte. Er vermutete ihn, wie viele andere Gelehrte, anhand der in den Schriftquellen angeführten topographischen Angaben auf dem Ballıdağ bei dem Dorf Pınarbaşı (Bunarbaschi).

Schliemann hingegen versuchte, Troia mit archäologischen Mitteln zu lokalisieren. Er hatte kleinere Ausgrabungen auf dem Ballıdağ vorgenommen und gezeigt, dass es sich hierbei unmöglich um das antike Troia handeln konnte, da kaum Siedlungsspuren anzutreffen waren. Nach diesem negativen Befund begann er – einem entscheidenden Hinweis des in der Troas ansässigen Briten und amerikanischen Konsuls Frank Calvert (1828–1908) folgend – auf dem Ruinenhügel Hisarlık (Troia) zu graben; diese Grabungen führte er mit Unterbrechungen bis zu seinem Tod im Jahre 1890 fort. Weitere Ausgrabungen unternahm er ab 1876 in Mykene und Tiryns sowie ab 1880 in Orchomenos, allesamt antike Stätten, die in den Epen Homers erwähnt werden. Berühmt wurde Heinrich Schliemann durch die aufsehenerregende Entdeckung des sogenannten ›Priamosschatzes‹ in Troia; dabei handelt es sich um einen Schatzfund, der neben Goldschmuck auch zahlreiche Gefäße, Waffen und Werkzeug aus Gold, Silber und Bronze enthielt und den Schliemann Priamos, dem sagenhaften König von Troia, zuschrieb. In einem Bericht an die *Allgemeine Zeitung* in Augsburg vom 5. August 1873 (Beil. Nr. 217) unterrichtete er die deutsche Öffentlichkeit von diesem sensationellen Fund. Spätestens ab diesem Zeitpunkt waren der Autodidakt Schliemann und seine Entdeckungen in aller Munde.

Schliemann war bei seiner Interpretation der Befunde und Funde seiner Ausgrabungen – sei es in Troia, Mykene, Tiryns oder Orchomenos – stark von der literarischen Vorlage, den Homerischen Epen, beeinflusst. Von Beginn seiner archäologischen Karriere an musste er daher zum Teil heftige Kritik hinnehmen – ganz besonders von deutschen Gelehrten. Seine Gleichsetzung des Ruinenhügels Hisarlık mit dem homerischen Troia stand der damals herrschenden Meinung zahlreicher Gelehrter – vor allem Altphilologen und Klassische Archäologen – entgegen, denn sie vermuteten das Troia Homers auf dem Ballıdağ. Zahllose öffentlich in Zeitungen und Zeitschriften ausgetragene Diskussionen zwischen Schliemann und seinen Gegnern zeugen davon. Während er in Deutschland zeitlebens mit Kritik zu kämpfen hatte und seine Verdienste recht spät honoriert wurden, wurde er in England gefeiert. So weilte er 1877 längere Zeit in London, hielt Vorträge und wurde ein ums andere Mal für seine Forschungen geehrt; unter anderem nahm ihn die angesehene *Society of Antiquaries* als Ehrenmitglied auf.

Seine Sammlung troianischer Funde machte Schliemann erstmals 1877 im Londoner *Kensington Museum* der Öffentlichkeit zugänglich. Nach längerem Zweifeln entschloss er sich 1881, diese Sammlung dem deutschen Volk zu schenken. Noch im gleichen Jahr erfolgte seine Ernennung zum Ehrenbürger der Stadt Berlin. Beides, die Schenkung und auch die daraufhin erfolgte Verleihung der Ehrenbürgerschaft, ist dem Einfluss des in urgeschichtlichen Belangen angesehenen Berliner Mediziners Rudolf Virchow zu verdanken. Er beschäftigte sich seit Ende der sechziger Jahre mit prähistorischen Fragen und war seit 1879 mit Schliemann befreundet. Er hatte in fachlicher Hinsicht einen prägenden Einfluss auf den archäologischen Laien und verteidigte ihn immer wieder gegen Anfeindungen aus der deutschen Archäologenzunft.

Ab Mitte der achtziger Jahre des 19. Jahrhunderts hatte Schliemann dann besonders mit den Vorwürfen des Artilleriehauptmanns a. D. Ernst Boetticher (1842–1930) zu kämpfen, der ihm unterstellte, er habe die Grabungsergebnisse in Troia gefälscht; in Wirklichkeit handele es sich nicht um eine Stadt, sondern um einen Friedhof. Daraufhin wurden Ende 1889 und Anfang 1890 zwei wissenschaftliche Konferenzen in Hisarlık abgehalten, die zur Klärung der Frage beitragen und den ›Streithahn‹ Boetticher zur Räson bringen sollten. Auf beiden Konferenzen entschieden die als unabhängige Gutachter eingeladenen Gelehrten den Disput zugunsten von Schliemann und seinem Mitarbeiter Wilhelm Dörpfeld.

Im November 1890 unterzog sich Schliemann in Halle einer Ohrenoperation. Auf der Rückreise zu seiner Familie nach Athen starb er am 26. Dezember 1890 in Neapel; zwei Tage zuvor hatte er noch Pompeji besucht. Anfang Januar 1891 wurde er auf dem Zentralfriedhof in Athen unter großer Anteilnahme prominenter Gelehrter, Politiker und der Athener Bürgerschaft beigesetzt. Im März fand ihm zu Ehren in Berlin eine Gedächtnisfeier statt, auf der neben Rudolf Virchow unter anderem auch der Ausgräber des griechischen Heiligtums Olympia, Ernst Curtius (1814–1896), eine Laudatio hielt. 1892 wurde das von dem Architekten Ernst Ziller entworfene Mausoleum im dorischen Stil über seiner Grabstätte errichtet; der umlaufende Fries feiert Schliemann als Helden. Von dieser Grabstätte aus hat man noch heute einen herrlichen Blick auf die Akropolis.

Literatur

W. M. Calder III, Schliemann on Schliemann: A Study in the Use of Sources. Greek, Roman and Byzantine Studies 13, H. 3, 1972, 335–353.

W. M. Calder III / J. Cobet (Hrsg.), Heinrich Schliemann nach hundert Jahren (Frankfurt a. M. 1990).

W. M. Calder III / D. A. Traill (Hrsg.), Myth, Scandal, and History. The Heinrich Schliemann Controversy and a First Edition of the Mycenaean Diary (Detroit 1986).

J. Cobet / B. Patzek (Hrsg.), Archäologie und historische Erinnerung. Nach 100 Jahren Heinrich Schliemann (Essen 1992).

J. Herrmann (Hrsg.), Heinrich Schliemann. Grundlagen und Ergebnisse moderner Archäologie 100 Jahre nach Schliemanns Tod (Berlin 1992).

W. Schindler, Heinrich Schliemann. Leben und Werk im Spiegel der neueren biographischen Forschungen. Philologus 120, 1976, 271–289.

1

Der Träumer

Schliemann war eine Person mit vielen Facetten, und er polarisierte wie kaum ein anderer. Das hängt vor allem mit seinem recht komplexen Charakter zusammen. Er war ein Mensch, der sich nicht nur mit Inbrunst einer Sache widmen und darin aufgehen konnte, sondern auch jemand, der zu maßloser Übertreibung – nicht nur seiner eigenen Verdienste – und phantastischen Ausschmückungen neigte. Diesen Charaktereigenschaften begegnet man immer wieder und in all seinen Lebensabschnitten. Eine Schliemann-Biographie kann daher nicht auf eine Auseinandersetzung mit den von Schliemann in seinen verschiedenen autobiographischen Darstellungen und archäologischen Berichten selbst kolportierten, oft frei erfundenen Geschichten verzichten. Andererseits muss sie auch auf seine strenge Homergläubigkeit hinweisen, die sich nicht nur in seinen Interpretationen der ausgegrabenen Befunde und Funde ausdrückt, sondern die sich auf alle Lebenslagen erstreckte.

Der Traum von Troia

Zentral für das Verständnis Schliemanns ist ein erstmals in der autobiographischen Vorrede seines 1881 erschienenen Werkes *Ilios* beschriebener Kindheitstraum. Darin schildert er ein Gespräch mit seinem Vater an Weihnachten 1829. Zu diesem Weihnachtsfest bekam der knapp Achtjährige das bekannte Jugendbuch *Weltgeschichte für Kinder* von Georg Ludwig Jerrer (1821) geschenkt, in dem eine Abbildung des aus dem brennenden Troia fliehenden Aeneas – seinen Vater Anchises auf dem Rücken tragend und seinen Sohn Askanios an der Hand haltend – abgedruckt ist. Dieses Bild beschäftigte den kleinen Heinrich sehr. In seinen autobiographischen Ausführungen stilisiert er diesen Weihnachtsabend zu einem frühen Schlüsselereignis für seine Ausgrabungen in Troia. Damals, so hören wir rückblickend von ihm, sei er mit seinem Vater übereingekommen, er werde einst die Mauern des antiken Troia ausgraben.

> *Obgleich mein Vater weder Philologe noch Archäologe war, hatte er ein leidenschaftliches Interesse für die Geschichte des Alterthums; [...] Oft auch erzählte er mir bewundernd die Thaten der Homerischen Helden und die Ereignisse des Trojanischen Krieges, und stets fand er dann in mir einen eifrigen Verfechter der Sache Trojas. Mit Betrübnis vernahm ich von ihm, dass Troja so gänzlich zerstört worden, dass es ohne eine Spur zu hinterlassen vom Erdboden verschwunden sei. Aber als er mir, dem damals beinahe achtjährigen Knaben, zum Weihnachtsfeste 1829 Dr. Georg Ludwig Jerrer's ›Weltgeschichte für Kinder‹ schenkte, und ich in dem Buche eine Abbildung des brennenden Troja fand, mit seinen ungeheuern Mauern und dem Skäischen Thore, dem fliehenden Aineias, der den Vater Anchises auf dem Rücken trägt und den kleinen Askanios an der Hand führt, da rief ich voller Freude: ›Vater, du hast dich geirrt! Jerrer muss Troja gesehen haben, er hätte es ja sonst hier nicht abbilden können.‹ ›Mein Sohn‹, antwortete er, ›das ist nur ein erfundenes Bild.‹ Aber auf meine Frage, ob denn das alte Troja einst wirklich so starke Mauern gehabt habe, wie sie auf jenem Bilde dargestellt waren, bejahte er dies. ›Vater‹, sagte ich darauf, ›wenn solche Mauern einmal dagewesen sind, so können sie nicht ganz vernichtet sein, sondern wol unter dem Staub und Schutt von Jahrhunderten verborgen.‹* (Ilios, 3 f.)

Dieses von Schliemann, wie wir heute wissen, gezielt überhöhte Bild eines bestimmten Augenblickes in seiner Kindheit verbreitete er ganz bewusst. Schließlich ging es ihm darum, seinem recht eigenwilligen Lebensweg – zuerst Kaufmann, dann Archäologe – einen Sinn zu geben und den angeblich seit Kindertagen gefassten Entschluss, nämlich Troia zu entdecken, Wirklichkeit werden zu lassen. Diese Inszenierung ermöglichte es darüber hinaus, seine Kaufmannstätigkeit als Mittel zum Zweck erscheinen zu lassen. Das veranschaulicht recht eindrücklich der Beginn der fast 80 Seiten langen autobiographischen Einleitung in *Ilios* (1–78), in der er die Eindrücke seiner durch regionale Volkssagen geprägten Kindheit in Ankershagen hervorhebt – sie hätten seine gesamten späteren Ausgrabungen beeinflusst.

> *Wenn ich dieses Werk mit einer Geschichte des Lebens beginne, so ist das nicht Eitelkeit, das dazu mich veranlasst, wol aber der Wunsch, klar darzulegen, dass die ganze Arbeit meines spätern Lebens durch die Eindrücke meiner frühesten Kindheit bestimmt worden, ja, dass sie die nothwendige Folge derselben gewesen ist; wurden doch, sozusagen, Hacke und Schaufel für die Ausgrabungen Trojas und der Königsgräber in Mykenae schon in*

dem kleinen deutschen Dorfe [Ankershagen] geschmiedet und geschärft, in dem ich acht Jahre meiner ersten Jugend verbrachte. (Ilios, 1)

Interessanterweise wurzelt der 1881 von Schliemann geschilderte Kindheitstraum jedoch nicht in seiner Kindheit, sondern nahm frühestens 1868 konkrete Züge an. In seinem reichhaltigen Nachlass waren bisher jedenfalls keine früheren Hinweise auf dieses Weihnachtserlebnis zu finden. Erste Andeutungen begegnen uns erst, als er 1868 seine Reise auf die Peloponnes und in die Troas unternahm. Ähnlich wie später in *Ilios* stellte er auch seinem 1869 erschienenen Buch *Ithaka, der Peloponnes und Troja*, das diese Reise zusammenfasst und mit dem er – wie schon gesagt – an der Universität Rostock in Abwesenheit promoviert wurde, eine autobiographische Vorrede voran. Seine Schilderung der Weihnachtsgeschichte fällt hier allerdings völlig anders aus. Das Weihnachtsfest fand nach diesem Bericht nicht 1829, sondern 1832 statt, und Heinrich wurde nicht vom Vater beschenkt, sondern schenkte diesem einen selbstverfassten lateinischen Aufsatz über den Troianischen Krieg (Ithaka, V). Vom Traum, er werde Troia einst ausgraben, ist hier noch nicht die Rede – er deutet sich allenfalls an. Für *Ilios* hat Schliemann seinen Kindheitstraum nochmals neu komponiert und in Details weiter ausgebaut.

Der Traum von Troia entsprang also der späteren Schliemann'schen Phantasie und ist nicht mehr als eine »biographische Nachinszenierung« (Schindler 1976, 280), die zum Mythos und damit regelrecht kanonisiert wurde. Neben der 1892 monographisch erschienenen Selbstbiographie sind dafür in erster Linie die populären Schliemann-Biographien von Emil Ludwig (1932) und Ernst Meyer (1969) sowie der Schliemann-Roman von Heinrich Alexander Stoll (1956) verantwortlich. Besonders wichtig in diesem Zusammenhang ist aber auch C.W. Cerams Buch *Götter, Gräber und Gelehrte* (1949), das die weihnachtliche Diskussion von Vater und Sohn völlig unkritisch nachzeichnet. Ceram hob hervor, dass es sich bei dieser Geschichte nicht um eine Erfindung, ja nicht einmal um eine »sentimental verfärbte Rückerinnerung« handele (Ceram 1949, 43). Sein bis heute nachgedruckter Bestseller war und ist mit einer Gesamtauflage von rund fünf Millionen Exemplaren in knapp dreißig Sprachen immer noch ungemein populär und hat unser Bild von Schliemann und der Archäologie entscheidend geprägt.

Schliemanns Aufstieg aus kleinen Verhältnissen zum reichen Kaufmann, sein Bruch mit dem früheren Leben, die familiäre und berufliche Neuausrichtung sowie der sich anschließende Erfolg in der Wissenschaft zeigen Charakteristika des bürgerlichen Aufstiegs, wie er ab der Mitte des 19. Jahrhunderts – bedingt durch die zunehmende Industrialisierung – immer häufiger begegnete. Den Angehörigen des Wirtschaftsbürgertums, deren Erfolg auf Leistung, Geschick und ehrlicher Arbeit beruhte, gelang der soziale und gesellschaftliche Aufstieg, und zusammen mit dem etablierten Bildungsbürgertum schufen sie eine ›neue‹ bürgerliche Kultur, deren Basis ein gemeinsamer Wertekanon sowie ähnliche Lebens- und Verhaltensformen waren. Dieses ›neue‹ Bürgertum orientierte sich am Leitbild des gebildeten Bürgers, der dem Fortschrittsdenken verpflichtet war. Vor allem der Wirtschaftsbürger strebte dem damals anerkannten bürgerlichen Ideal – Bildung, Kultur und Wissenschaft – nach. Der Rückzug vom Beruf und die Hinwendung zu anderen Interessen – etwa der Wissenschaft oder Kunst und Kultur – in einer späteren Lebensphase war in der zweiten Jahrhunderthälfte ein durchaus üblicher Weg. Dass dabei häufig die Beschäftigung mit der Vergangenheit gewählt wurde, hängt nicht zuletzt mit einer gewissen romantischen Verklärung derselben und der damals in den deutschen Ländern und im Kaiserreich vorherrschenden Graecophilie zusammen. Sie nahm ihren Ausgang zwar schon im 18. Jahrhundert – erinnert sei an Friedrich Schiller und Johann Wolfgang von Goethe –, hinterließ aber ihre Spuren bis weit ins 19. Jahrhundert hinein.

Anschaulich beschrieben ist dieses Aufstiegsszenario und bürgerliche Lebensideal in Gustav Freytags 1855 erschienenem und äußerst erfolgreichem Roman *Soll und Haben*, aber auch in Henrik Ibsens 1867 verfasstem dramatischen Gedicht *Peer Gynt*, das 1876 uraufgeführt wurde. Es dauerte nochmals fünf Jahre, ehe es 1881 aus dem Norwegischen ins Deutsche übersetzt wurde. Peer Gynt, der Held mit dem Hang zu Phantastereien, stammt aus armen Verhältnissen und träumt als Kind von großen Taten. Diese kann er tatsächlich wahr machen, weil er geschäftstüchtig ist und in den USA reich wird – jetzt beginnt für ihn ein anderes Leben, das er mit einer Weltreise beginnen möchte. Doch er wird in Marokko bestohlen und grübelt:

> *Na; ein bißchen hab ich ja noch verwahrt.*
> *In Amerika was, und was mitgenommen*
> *Im Sack; noch nicht ganz auf den Hund gekommen. –*
> *[…]*
> *Welchen Weg wähl ich nun? Mir stehn viele offen;*
> *Ob Weiser, ob Tor, zeigt die Wahl, die getroffen.*
> *Mein Geschäft ist ein abgeschloßnes Kapitel;*
> *[…]*

Ob ich mein Leben wahrhaftig beschreiben soll –
Ein Buch, wegweisend, das späterhin bleiben soll? –
Oder halt –! Ich hab Zeit – wie, wenn ich's probierte
Und als Forscher, der reisend die Welt durchquert,
Den Schlund der Vergangenheit studierte?
In der Tat, ja das ist für mich was Rechts.
Chroniken las ich von frühester Zeit her,
Und zudem oblag ich der Wissenschaft seither. –
Folgen will ich der Spur des Menschengeschlechts! (Ibsen, 93 f.)

Die Szene zeigt: Der Held ist noch unschlüssig über seine Zukunft. Soll er eine Autobiographie verfassen? Oder sollte er nicht viel besser die Vergangenheit studieren und den Spuren des Menschengeschlechts folgen? In Ibsens Drama entscheidet sich der Held schließlich, den Spuren der Vergangenheit zu folgen, und reist nach Ägypten. Dort angekommen, macht er sich Gedanken, wohin er als nächstes gehen soll:

Nach dem Frühstück heißt's die Pyramide besteigen;
Bleibt Zeit, mach ich mir auch ihr Innres zu eigen.
Hierauf zu Land um das Rote Meer;
König Potiphars Grab – ob ich das beehr? –
Dann bin ich Asiat. In Alt-Babel die Huren
Und hangenden Gärten, heißt, die wichtigsten Spuren
Humaner Kultur, such ich auf. Von dort
Mit einem Sprung geht's nach Troja fort. (Ibsen, 96)

Allerdings kommt es nicht so weit. Peer Gynt landet im Irrenhaus von Kairo – von dort kehrt er verarmt als gebrochener Held nach Hause zurück.

Gewiss, Schliemann landete nicht im Irrenhaus und konnte seinen immensen Reichtum sein Leben lang bewahren, ja sogar vermehren. Der literarische Held Peer Gynt hatte ein deutlich schlechteres Los gezogen. Auch wenn Ibsens Geschichte fiktiv und keinerlei Beziehung zu Schliemann herzustellen ist, zeigen sich doch deutliche Parallelen. Die Aufstiegsgeschichte vom armen ›Schlucker‹ zum strahlenden Geschäftsmann, der sich im zweiten Lebensabschnitt vom Beruf abwendet und den Musen hingibt, war im 19. Jahrhundert bekannt und weit verbreitet.

Schliemann war also ein klassischer Selfmademan. Er verkörperte in prototypischer Manier einerseits den geschäftstüchtigen Unternehmer und sozialen Aufsteiger sowie andererseits den archäologischen Laien und erfolgreichen wissenschaftlichen Entdecker. In dieser Kombination mag man Schliemann in der Tat als einen »Helden der Gründerzeit« (Maier 1992, 31) betrachten – einen ›Helden‹, der durch den erfundenen Kindheitstraum schon bei seinen Zeitgenossen zum Mythos avancierte.

Das Evangelium nach Homer

Schliemanns archäologischer Erfolg wird nicht verständlich ohne den Hinweis auf seine Homergläubigkeit. Es war im 19. Jahrhundert nicht unüblich, dass man sich einen Ausgrabungsort suchte, zu dem es möglichst viele geeignete Schriftquellen gab. Das griechische Heiligtum in Olympia samt der Beschreibungen des Schriftstellers und Geographen Pausanias (2. Jh. n. Chr.) ist ein solches Beispiel (→ Kap. 4).

Für die Lokalisierung Troias spielten Schriftzeugnisse, allen voran die Epen des Dichters Homer (Ende 8. Jh. v. Chr.), eine entscheidende Rolle. Alle, die sich auf die Suche nach dem antiken Troia machten, hatten Homer und seine vagen Beschreibungen der geographischen Lage studiert. Schliemann unterschied sich aber von seinen Vorgängern dadurch, dass er, wie er selbst schrieb, den Angaben der *Ilias* vertraute und an deren Genauigkeit »wie ans Evangelium glaubte« (TA, 11). In dieser Hinsicht war er gewiss extrem. Allerdings gaben ihm die nicht nur in Troia, sondern auch in Mykene und anderswo durchgeführten Ausgrabungen auf den ersten Blick recht.

Schliemann hatte bei seinen Ausgrabungen neben dem ›Spaten‹ in der einen immer auch Homer in der anderen Hand. Schon seine ersten archäologischen Versuche sind in dieser Hinsicht aufschlussreich. Auf seiner Reise des Jahres 1868 in Griechenland und Kleinasien waren die antiken Schriftsteller, besonders Homer, seine ständigen Begleiter. Auf der Suche nach Troia lief er bei Bunarbaschi (heute: Pınarbaşı), das damals – wie schon erwähnt – viele Gelehrte als Ort des antiken Troia betrachteten, den Weg nach, »den Achilleus nothwendigerweise durchlaufen musste, um Hektor vor dem skäischen Thore zu treffen« (Ithaka, 137 f.). Nach einem sehr beschwerlichen Marsch kam er an einen »jähen Abhang von ungefähr 150 Meter Höhe, welchen die beiden Helden hinabsteigen mussten, um zum Skamander zu gelangen und die Runde um die Stadt zu machen«. Er stieg den steilen Hang hinunter, wobei er gezwungen war, »auf allen Vieren rückwärts zu kriechen«. Dazu benötigte er fast eine Viertelstunde. Er war daher der Überzeugung, »dass kein sterbliches Wesen, nicht einmal eine Ziege, in eilendem Laufe einen Abhang hat hinunterkommen können, der unter einem Winkel von 65° abfällt«. Für den Pragmatiker Schliemann konnte das antike Troia daher unmöglich auf dem Ballıdağ bei Bunarbaschi gelegen haben, schließlich sei Homer – dem er im wahrsten Sinne des Worte ›Schritt auf Schritt‹ folgt – bei seinen Beschreibungen sehr genau gewesen. Um dieses experimentelle und unübliche Verfahren historischer Deutung abzusichern, unternahm er dort gleich noch Ausgrabungen:

> *Ich hatte nur das uneigennützige Ziel im Auge, den thörichten und irr-thümlichen Glauben mit der Wurzel auszurotten, dass Troja auf den Hö-hen von Bunarbaschi gelegen habe. Eine Schaufel nebst Hacke und Korb hatte ich für mich bestimmt und arbeitete trotz der drückenden Hitze mit demselben Eifer wie der beste meiner Arbeiter. Fast überall drangen wir bei einer Tiefe von 60 Centimeter bis 1 Meter in den Felsen ein; aber nirgends zeigten sich auch nur die kleinsten Spuren von Ziegeln oder Töpferwaaren, nirgends das geringste Anzeichen, dass der Ort jemals von Menschen bewohnt gewesen sei. [...] Es ist in der That unbegreiflich, wie man jemals die Höhen von Bunarbaschi hat für die Stelle Troja's halten können.* (Ithaka, 152)

Schliemann reichten anfangs also der bedingungslose Glauben an die Beschreibungen Homers und die auf experimenteller Basis gewonnenen Ergebnisse sowie eine kurze Probegrabung, um dem »thörichten und irrthümlichen Glauben«, der Ballıdağ sei der Ort des antiken Troia, den Garaus zu machen. Dass seine Lokalisierung und Deutung auf Kritik stoßen würde, war ihm dabei bewusst. In einem Brief an seinen Vater vom 9. Dezember 1868, noch vor Drucklegung seines Buches *Ithaka*, schrieb er: »so wird viel gegen mein Buch geschrieben werden. Indes ist mir nicht bange, da ich *überall* Beweise gebe und nichts ohne klara Facta behaupte« (BW Meyer I, 140).

Schliemanns Homergläubigkeit zeigt sich auch bei seiner Benennung von Funden und Befunden. Ohne Umschweife belegte er etwa ein großes Gebäude in Troia mit dem Titel ›Haus des Priamos‹, und in einem Tor meinte er das von Homer beschriebene ›Skäische Tor‹ zu erkennen. Bis heute weltberühmt ist vor allem der von ihm 1873 gefundene goldreiche Schatzfund, den er sofort mit der Bezeichnung ›Schatz des Priamos‹ belegte und entsprechend interpretierte (→ Kap. 2). Schliemanns Benennungen entbehrten jedoch jeglicher Grundlage und trugen dazu bei, dass die gelehrten Autoritäten ihn nicht ernst nahmen. Carl Schuchhardt

(1859–1944), der im Jahr 1890 Schliemanns Leben und Ausgrabungen in dem Buch *Schliemann's Ausgrabungen in Troja, Tiryns, Mykenä, Orchomenos, Ithaka im Lichte der heutigen Wissenschaft* zusammenfasste, wies darauf hin, dass solche Bezeichnungen genügten, um Schliemanns Buch *Trojanische Alterthümer* (1874) in das »Reich der Phantasie zu verweisen«. Die Gelehrten hielten es, so fährt er fort, für »geradezu unter ihrer Würde, sich mit diesen ›Schrullen‹ zu beschäftigen« (Schuchhardt 1891, 12). Empfand die Wissenschaft diese Benennungspraxis mithin als absurd, dürfte sie hingegen beim großen Publikum Wirkung gezeigt haben. Durch Schliemanns kategorische Etikettierung schrieben sich die archäologischen Objekte in den neuhumanistischen Wertekanon des Bildungsbürgertums ein, zu dem sie bis heute gehören.

Schliemanns Homergläubigkeit hat in der Forschung immer wieder zu Diskussionen geführt. Sein Biograph Hartmut Döhl betont z. B., Schliemann habe bereits in den 1870er Jahren ein differenziertes Verhältnis zu Homer gehabt (Döhl 1981, 81; 85). Und es finden sich in der Tat Hinweise darauf, dass Schliemann Homer als Dichter und nicht ausschließlich als Historiographen und Topographen betrachtete. Das geht etwa aus einem Bericht vom 24. Mai 1873 an die Augsburger *Allgemeine Zeitung* hervor. Darin stellte er fest, Troia sei für die Taten der *Ilias* viel zu klein und Homer habe wohl »alles mit dichterischer Freiheit übertrieben«. Auch ein Brief an Charles Thomas Newton (1816–1894), Konservator am *British Museum* in London, vom 4. September 1873 bestätigt dies. Dort schreibt Schliemann:

> *you see it [Troy] is not large; but Homer is an epic poet and no historian. He never saw neither the great tower of Ilium, nor the divine wall, nor Priams Palace, because when he visited Troy 300 years after its destruction all those monuments were for 300 years couched with its 10 feet thick layers of red ashes and ruins of Troy […].* (BW Meyer I, 238)

Solche Äußerungen werden wiederum durch andere Aussagen Schliemanns konterkariert. In seinem Mykene-Buch aus dem Jahr 1878 lesen wir etwa:

> *Was mich betrifft, so habe ich immer fest an den trojanischen Krieg geglaubt; mein fester Glaube an Homer und die Tradition ist nie von der modernen Kritik erschüttert worden, und diesem Glauben verdanke ich die Entdeckung Trojas und seiner Schätze.* (Mykenae, 382 f.)

Es ist offenkundig, dass Schliemann der schriftlichen Überlieferung ein ums andere Mal erlegen ist: Sobald sich ihm ein Zusammenhang zwischen dem archäologischen Befund und der homerischen Überlieferung andeutete, wertete er dies als Bestätigung der Glaubwürdigkeit Homers. Justus Cobet hat diese Fixierung auf die Schriftquellen und die daraus folgende Ableitung – von den archäologischen Quellen auf die literarische Überlieferung zu schließen – als »Schliemann-Effekt« bezeichnet (Cobet 1990, 25). Im Falle Troias kommt erschwerend hinzu, dass es sich bei den homerischen Texten um Heldenepik handelt. Diese Form von Literatur hatte nicht zum Ziel, Landschaften, Örtlichkeiten oder deren Einwohner so genau wie möglich vorzustellen und zu beschreiben – im Gegensatz etwa zu den Reisebeschreibungen des schon angesprochenen Pausanias; der poetische Text richtete vielmehr den Blick in die Vergangenheit, um diese als Projektion für die Gegenwart bzw. Zukunft zu nutzen.

Schliemanns Fixierung auf die Schriftquellen war also in doppelter Hinsicht problematisch: Das Problem lag nicht nur darin, dass er ihnen eine zu große Bedeutung bei der Interpretation der archäologischen Quellen beimaß, sondern auch in der Tatsache, dass er weder die Schrift- noch die archäologischen Quellen einer Quellenkritik unterzog. Er war bei seiner Interpretation der Befunde des Ruinenhügels Hisarlık vom Homerischen Epos so stark beeinflusst, dass er die archäologischen Quellen missinterpretierte und eine andere Deutung der Funde und Befunde nicht einmal ansatzweise reflektierte. Darüber machten sich auch schon seine Zeitgenossen lustig. Gerade die im damals bekanntesten deutschen Witz- und Satireblatt, dem Berliner *Kladderadatsch*, verbreiteten Glossen und Karikaturen stellen die unbekümmerte Schliemann'sche Schriftquellengläubigkeit heraus. Die Beiträge spielen immer wieder konkret auf einzelne Funde und die ihnen von Schliemann zugewiesenen Bezeichnungen an, wie ›Skäisches Tor‹, die ›Pergamos von Troia‹, das ›Haus des Priamos‹ oder eben der ›Schatz des Priamos‹. Solche Zuschreibungen führten, neben der generellen Gleichsetzung der von ihm ausgegrabenen Ruinen mit dem von Homer beschriebenen Troia, zu Diskussionen um die Historizität des Epos. Auch der *Kladderadatsch* greift diese Problematik kritisch auf, wenn er diese Funde karikiert bzw. Schliemann zutraut, bald auch das Grab der Kleopatra (14. September 1873) – das Schliemann später tatsächlich zu finden hoffte (BW Virchow 464; 466) – oder den Nibelungenschatz (21. September 1873) zu entdecken. Speziell die Nibelungenmetapher findet sich im *Kladderadatsch* noch an anderen Stellen (Abb. 1) und verdeutlicht die kritische Auseinandersetzung des Blattes mit den allzu forsch vorgetragenen Schliemann'schen Deutungen.

Abb. 1: Karikatur vom 29. März 1874 im *Kladderadatsch*. Bildunterschrift: »Nachdem Herr *Schliemann* in Folge Homerischer Studien den trojanischen Schatz gefunden, liest er zufällig die *Nibelungen-Sage* und begibt sich sofort nebst Frau und Umschlagetuch auf die *Rheingold-Suche*«.

Wird man Schliemann aber wirklich gerecht, wenn man ihn als naiven Homergläubigen beschreibt? Gewiss nicht, schließlich war er ein Kind seiner Zeit und damit des Historismus. Es ging ihm darum, den Nachweis zu erbringen, dass der Troianische Krieg einst stattgefunden habe; er wollte ebenso wie andere Zeitgenossen zeigen, wie – oder im Falle Troias –, *dass* etwas gewesen war. Damit folgte er zum einen einem ereignisgeschichtlichen Ansatz, wie er für die Geschichtswissenschaft des 19. Jahrhundert charakteristisch ist. Zum anderen passte seine Vorgehensweise zu dem berühmten Diktum des Historikers Leopold von Ranke (1795–1886), wonach die Aufgabe des Historikers lediglich darin bestünde, zu sagen »wie es eigentlich gewesen«. Auch wenn Rankes Objektivitätspostulat heute ausgedient hat, so war es doch im 19. Jahrhundert in den Geschichts- und Altertumswissenschaften vorherrschend, und es verwundert nicht, dass auch Schliemann davon beeinflusst war.

Homer im Alltag

Schliemanns Verehrung des berühmten Dichters reichte bis in sein privates Umfeld. Er hatte die Marotte, nicht nur seinen beiden jüngsten Kindern – Andromache und Agamemnon – Namen der homerischen Sagenhelden zu geben, sondern auch sein Personal musste sich bei

Dienstantritt einer Namensänderung unterziehen. Als Schliemann 1879
ein Kindermädchen für seine Tocher Andromache suchte und Rudolf
Virchow ihm jemanden vermittelte, verknüpfte Schliemann die Anstel-
lung mit Bedingungen:

*Nur müssen wir darauf bestehen [...] daß sie, so lange sie bei uns ist,
einen anderen Namen trägt; falls ihr der Name der Hecuba nicht zusagt,
so mag sie sich Klytämnestra, Laodike, Briseis, Nausikaa, Tyró, Hippoka-
ste oder, bei welchem anderen homerischen Namen sie sonst will, nennen
lassen, nur nicht Marie, denn wir leben in der griechischen Welt; [...].*
(BW Virchow, 118 f.)

Das Kindermädchen ließ sich darauf ein und wählte schließlich den
Namen ›Briseis‹ – in Homers Epos der Name von Achills troianischer
Sklavin und Geliebter.

Wie weit Schliemanns Leidenschaft für Homer, ja für alles Griechische ging, zeigt sich nicht nur in der Hellenisierung seiner Angestellten, sie wird auch an der Bezeichnung seines Athener Hauses, dem *Iliou
Melathron* – ›Palast von Ilion‹ –, wie er es nannte, deutlich. Der Plan
zum Haus an der prominenten Universitätsstraße der Athener Innen-
stadt – heute befindet sich dort das *Numismatische Museum* – entstand
in den 1870er Jahren und geht auf Entwürfe des Architekten Ernst Ziller
(1837 – 1923) zurück, der später auch für das Schliemann'sche Grabmo-
nument verantwortlich zeichnete.

Das dreigeschossige Palais gehörte zu den prächtigsten Häusern
Athens und war Vorbildern der italienischen Renaissance nachemp-
funden. Die Innenausstattung des neoklassizistischen Marmorpalastes
bestand aus Mosaikfußböden, die Funde aus Mykene und Troia abbil-
deten; die Wände waren wiederum im Stil der pompeijanischen Wand-
malerei ausgemalt; der Deckenfries des Tanzsaales zeigte die Geschichte
seiner Grabungen, und jeden Raum zierte eine Wandinschrift mit einem Zitat Homers. Im Januar 1881 wurde das Haus, das im Erdgeschoss
Teile von Schliemanns Sammlung beherbergte, feierlich eingeweiht und
bezogen. Auf seine Besucher hinterließ der Athener Palast einen blei-
benden Eindruck, wie die detaillierte Beschreibung eines Amerikaners
aus dem Jahr 1884 bezeugt, der Schliemanns Haus als das »prächtigste
des neuen Athen« bezeichnete (BW Rust, 248 ff.).

Schliemann setzte sich nicht nur zu Lebzeiten mit diesem Haus ein
Denkmal, sondern auch mit seinem Grabmal auf dem Ersten Athener
Friedhof. Wie bei seinem Haus beteiligte er sich noch zu Lebzeiten aktiv

an der Gestaltung seines Grabmonuments und hinterlegte dazu auch
eine Verfügung in seinem Testament:

> *Ich will, daß meine sterblichen Reste neben denen meiner Frau Sophia,*
> *meiner Kinder und ihrer Nachkommen in einem Mausoleum auf dem*
> *höchsten Gelände des großen griechischen Friedhofs in Athen liegen sol-*
> *len. Ich lege hier den Entwurf des Architekten Ernst Ziller bei zusammen*
> *mit einem Vertrag, den ich mit ihm über den Bau des Mausoleums für*
> *50 000 Drachmen geschlossen habe. Ich bin mit Ziller übereingekommen,*
> *die Decke des Grabgemaches als Kuppel bauen zu lassen. Ich empfehle*
> *den Vollstreckern meines Testaments, die Grabkammer mit Motiven aus*
> *Orchomenos und Pompeji ausmalen zu lassen [...]. (Herrmann, 239 f.)*

Es sollte seine Bedeutung als Archäologe sowohl architektonisch als
auch bildhauerisch würdigen, ja den ›Helden‹ Schliemann, dessen Büste
den Blick auf die Akropolis richtet, geradezu feiern: »Schliemann dem
Heros« lautet folgerichtig die griechische Inschrift auf dem Architrav
der Frontseite des Grabmonuments. Das Mausoleum, das wohl 1892
fertiggestellt wurde, folgt dem Stil eines dorischen Tempels (Abb. 2).

Abb. 2: Mausoleum Heinrich Schliemanns auf dem Athener Zentralfriedhof.

Auf dem Metopenfries oberhalb des Architravs sind Reliefs von Schliemanns Funden aus Troia dargestellt. Der umlaufende Fries des Sockels
zeigt unterschiedliche Szenen der griechischen Mythologie, während
der Nordfries Schliemann selbst gewidmet ist. Hier sehen wir Szenen
der Geschichte seiner Ausgrabungen, in deren Zentrum er und seine
Frau Sophia stehen. Das Ehepaar ist einander zugewandt; Schliemann
liest aus einem Buch vor – vielleicht Homer? – und zeigt mit seinem
rechten Arm und ausgestreckten Zeigefinger nach oben, während Sophia auf den linken Arm gestützt ihren Blick auf ihren Mann richtet.
Sophia erscheint in dieser Szene nicht nur als getreue Gefährtin ihres
Mannes, sondern zugleich als Quell der Schliemann'schen Inspiration.
Die dargestellte Szene erinnert überdies stark an eine Beschreibung des
Ehepaars durch Rudolf Virchow in seiner Gedächtnisrede auf den verstorbenen Freund am 1. März 1891:

> *Sie lasen mit einander die Ilias und die Odysee, sie lernten sie auswendig,*
> *und wenn irgend ein Vorkommniss an einen homerischen Vers erinnerte,*
> *so recitirte einer von ihnen die betreffende Stelle, der andere fiel ein, und*
> *in verklärtem Accord rollte sich die Scene ab, wie einst in der alten Zeit,*
> *wenn der ›göttliche Sänger‹ die Herzen seiner Zuhörer durch das Zauber-*
> *wort des Dichters gefangen genommen hatte.* (Herrmann, 256)

Literatur

H. Ibsen, Peer Gynt. Ein dramatisches Gedicht (Stuttgart 1982).

H.-W. Hahn, Wirtschaftliche Erfolge und wissenschaftlich-kulturelle Interessen.
Entwicklungsprozesse im mitteleuropäischen Bürgertum vor dem Hintergrund
der Biographie Heinrich Schliemanns. In: W. M. Calder III / J. Cobet (Hrsg.),
Heinrich Schliemann nach hundert Jahren (Frankfurt a. M. 1990) 309 – 325.

H. Hammer-Schenk, »Dem Heros«. Anmerkungen zu Heinrich Schliemanns
Grabmal in Athen. In: J. Cobet / B. Patzek (Hrsg.), Archäologie und historische
Erinnerung. Nach 100 Jahren Heinrich Schliemann (Essen 1992) 31 – 50.

J. Mejer, Henrik Ibsens's Peer Gynt and Heinrich Schliemann. Fact and Fiction.
In: W. M. Calder III / J. Cobet (Hrsg.), Heinrich Schliemann nach hundert Jahren (Frankfurt a. M. 1990) 296 – 308.

2

Der Geschäftsmann

Heinrich Schliemann repräsentiert den klassischen Wirtschaftsbürger und Selfmademan des 19. Jahrhunderts – darauf wurde schon mehrfach hingewiesen. Sein Aufstieg vom Krämergehilfen zum Eigentümer eines eigenen Handelshauses in rund zehn Jahren stellt eine steile Karriere dar, die ohne eine hohe Leistungsbereitschaft, ein beispielloses Arbeitsethos und eine bemerkenswerte Cleverness des anfangs mittellosen Pastorensohnes aus Ankershagen nicht denkbar ist. Das gewisse Quäntchen Glück, das er bei seinen riskanten Spekulationsgeschäften ein ums andere Mal hatte, kommt ebenso hinzu wie das feine Gespür und seine Weitsicht für politische und wirtschaftliche Zusammenhänge. Er pflegte Situationen richtig einzuschätzen und dann schnell zu handeln. In einem Brief an seinen Vater aus dem Jahr 1856 schildert er eine solche Situation, in der er während des Krimkrieges (1853 – 1856) einen Großteil seines Vermögens auf eine Ware setzte und damit einen beträchtlichen Gewinn erzielte. Zugleich zeigt dieser Brief, dass sich Schliemann innerhalb weniger Jahre im zaristischen Russland einen Namen als gerissener und fähiger Kaufmann gemacht hatte.

> *Ich gelte hier u. in Moskau als der schlaueste, durchtriebenste u. fähigste Kaufmann; aber leider bin ich zu hitzig in den Unternehmungen, ich schleudere z. B. manchmal den ganzen Betrag meines Vermögens auf einen Artikel wie Indigo; bis jetzt gab Gott immer Glück, aber wie wenn mal das Blatt sich dreht. Ich habe hier manchmal die wunderbarsten Operationen gemacht u. bin dadurch in Moskau und hier zum Sprichwort geworden. So z. B. kam mir im Juny 1855 plötzlich eines Nachts die Idee, Salpeter müßte steigen; begeistert lief ich aus dem Bette zum Telegraphen u. gab nach Hamburg, Berlin u. Königsberg Ordre, den ganzen Vorrath aufzukaufen, der da wäre; [...] In Hamburg, Stettin und Breslau ließ ich sogar aus den Buden zusammenkaufen, brachte darauf alles mit großer Gefahr und Glück als Kriegscontreband über die preußische Gränze nach Rußland und verdiente ca. 40 000 Rt. [Reichstaler] an dem Salpetergeschäfte.* (BW Meyer I, 81)

Schliemanns kaufmännischer Habitus war nicht nur beim An- und Verkauf von Waren allgegenwärtig, sondern auch noch viel später, als er bereits seiner zweiten Karriere als Archäologe nachging. Auch hier brach hin und wieder der Geschäftsmann in ihm hervor, etwa als er mit Virchow über die Modalitäten der Schenkung seiner Troia-Sammlung ›verhandelte‹. Doch bevor dies im Folgenden näher dargelegt wird, soll zunächst sein Aufstieg als russischer Großhändler erörtert werden.

Russland – Amerika – Russland

Schliemann begann nach dem Abschluss der Realschule in Neustrelitz im Jahr 1836 eine Kaufmannslehre in Fürstenberg und begab sich nach fünfjähriger Lehrzeit 1841 nach Rostock. Dort beabsichtigte er, wie er seinen Schwestern schrieb, seine kaufmännischen Kenntnisse zu erweitern und die doppelte italienische Buchführung zu erlernen (BW Meyer I, 9). Noch im November desselben Jahres schiffte er sich in Hamburg auf der *Dorothea* ein, die ihn nach Venezuela bringen sollte. Die Überfahrt – und damit auch die geplante Auswanderung – endete aber jäh vor der holländischen Insel Texel. Der von ihm ausführlich geschilderte Schiffbruch – ausgelöst durch einen heftigen Sturm in der Nacht vom 10. auf den 11. Dezember – lässt eindrücklich das schriftstellerische, dramaturgische und inszenatorische Talent des erst Neunzehnjährigen erkennen, das sich in der Folge wie ein roter Faden durch sein Leben ziehen sollte.

Ich war erstlich in einer verzweiflungsvollen Angst und ganz außer mir vor Betrübnis, Ach! wie oft hatte ich mir früher den Tod gewünscht, wenn es mir nicht wohl ging, aber ich Narr! ich wußte nicht, wie süß das Leben ist, wenn der Tod wirklich kommt. Ja! hätte mir einer in diesen Augenblicken des Schreckens das Anerbieten gemacht, entweder zu sterben oder mich zeitlebens kreutzweise in Ketten schmieden zu lassen und im Gefängnisse meine Tage zu verleben, wie gerne würde ich das Letztere vorgezogen haben. […] Wohl mochte ich in der furchtbaren Lage, wo die Wellen mir fortwährend über den Kopf schlugen mit so peinlichen Gedanken eine Stunde hingebracht haben, als zu meinem Glück meine Entschlossenheit vollends wiederkehrte, die trüben Gedanken wichen von meiner Seele, und statt dessen trat eine nie gefühlte Todestollkühnheit ein, und beschloß ich, mich dem Tod getrost in die Arme zu werfen. (BW Meyer I, 23)

Nach der glücklichen Rettung entschied er sich gegen die Rückfahrt nach Hamburg und reiste weiter nach Amsterdam – ein Entschluss, der sich im Nachhinein als richtig erwies, denn er begünstigte seine Laufbahn als Kaufmann. Nach zwei Zwischenstationen als Bürodiener, bei denen er sein Fachwissen und seine Sprachkenntnisse verbessern konnte, erhielt er am 1. März 1842 eine Stelle als Korrespondent und Buchhalter in dem Kontor der Firma B. H. Schröder & Co. Die Inhaber waren mit den Leistungen Schliemanns zufrieden und stockten sein Gehalt nach und nach auf. Im Januar 1846 schickten sie ihren engagierten Angestellten, der sich das Russische in wenigen Wochen selbst beigebracht hatte, als Handelsagenten nach St. Petersburg. Für beide Parteien war diese Entscheidung äußerst lukrativ, da der junge Agent profitable Geschäfte im Indigo-Handel machte – auch wenn Schliemann nach Meinung seiner Amsterdamer Arbeitgeber bei seinen Geschäften nicht immer den richtigen Ton traf:

> *Unsere Befürchtungen haben sich leider realisirt, indem Sie in Ihrer Korrespondenz einen Ton annehmen, wie er durchaus keinem Geschäftsmann eigen ist, und wie wir ihn nicht zu führen lieben. Wir sehen ein, daß Sie noch kein ausgebildeter Geschäftsmann sind und sich Projecte und Illusionen machen, die für einen soliden denkenden Kaufmann nicht passen.* (BW Meyer I, 34)

Bereits nach einem Jahr konnte er – nun russischer Staatsbürger – sein eigenes Handelshaus in St. Petersburg eröffnen, blieb aber nebenher noch weitere elf Jahre für Schröder & Co. tätig.

Zu erstem Reichtum gekommen, plante Schliemann, seine Jugendliebe aus Ankershagener Kindertagen, Minna Meincke, zu heiraten. Im Winter 1847/48 hielt er um ihre Hand an, musste aber erfahren, dass sie inzwischen geheiratet hatte (BW Meyer I, 109). Ende 1850 entschloss er sich dann, nach Amerika zu reisen; als Grund führt er den Tod seines Bruders Ludwig an, der im Mai des Jahres in Kalifornien verstorben war. Schliemann erreichte New York schließlich im Februar 1851 – und nicht, wie er uns in seiner Autobiographie glauben machen möchte, schon im Jahr 1850 (Ilios, 15).

Minna Meincke (1821–1910), verheiratete Richers, war die Spielgefährtin Schliemanns in Ankershagen. Die beiden verbrachten viel Zeit zusammen, und mit ihr teilte Schliemann die Leidenschaft für alles Geheimnisvolle und den Traum, Troia gemeinsam auszugraben. Sie schworen sich damals angeblich »ewige Liebe und Treue« (Ilios, 4). Minna Meincke spielte in Schliemanns Leben eine wichtige Rolle: Zeitlebens pflegte er den Kontakt mit ihr und ihrer Familie; er bedachte sie auch in seinem Testament. In der seinem Buch *Ilios* vorangestellten Autobiographie erzählt er ausführlich und offen über diese innige Kinderfreundschaft. Sein Freund Rudolf Virchow riet ihm allerdings, die kindliche Liebesgeschichte zu kürzen und vor allem den Nachnamen nicht zu erwähnen (BW Virchow, 166 f.). Schliemann folgte diesem Rat jedoch nicht. Seine Ausführungen riefen Irritationen bei Minna und ihrer Familie hervor. In einem Brief, den er ihr Anfang Dezember 1880 schrieb, versuchte er, sie zu beruhigen: »Mein Ilios wirst Du erhalten haben. Solltest Du finden, daß ich unsere Freundschaft vor 50 Jahren übertrieben habe, so mußt Du es nicht übel nehmen und lediglich meiner alten Anhänglichkeit zuschreiben. Wie sich die Umstände gestaltet haben, können Dir ja alle meine Ausführungen nur zur allerhöchsten Ehre gereichen und alle deutschen Frauen mögten auf ähnliche Weise unsterblich gemacht werden« (BW Meyer II, 114).

Schliemanns Amerika-Aufenthalt ist in einem eng beschriebenen rund 80 Seiten langen Tagebuch zusammengefasst, das in weiten Teilen auf Englisch, bisweilen auch auf Spanisch, verfasst ist. Schliemanns Hang zur Ausschmückung seiner Erlebnisse zeigt sich darin recht deutlich. Hervorzuheben ist besonders die erfundene Geschichte seiner Aufwartung beim amerikanischen Präsidenten Millard Fillmore in Washington, mit dem er anderthalb Stunden geplaudert haben will, sowie die Erwähnung des anschließenden Empfanges mit insgesamt 800 Gästen (Amerika-Tagebuch, 72 f.). William M. Calder III konnte 1972 in seiner Mitternachtsvorlesung nachweisen, dass es am 21. Februar 1851 keinen Empfang in Washington gab und das Treffen Wunsch und nicht Wirklichkeit war. Auch Schliemanns Behauptung, er sei am 4. Juli 1850 amerikanischer Staatsbürger geworden (Ilios, 15) ist eine Geschichte bar jeder Wirklichkeit. Amerikanischer Staatsbürger wurde er erst, als er 1869 ein drittes Mal in Amerika weilte, um sich von seiner ersten Frau scheiden zu lassen.

Neigte Schliemann, wie diese Beispiele hinreichend verdeutlichen, also zur Prahlerei und zur Verdrehung von Tatsachen, sind andere Geschehnisse ohne weiteres glaubhaft und bisweilen auch erwiesen. Dazu gehört etwa, dass er während seines rund zehn Monate dauernden Aufenthaltes sein Vermögen verdoppelte. In Kalifornien – vor allem in der Gegend von San Francisco und Sacramento – hatte 1848 der Goldrausch (*Gold Rush*) eingesetzt. Schliemann war darüber sehr gut informiert; sein Bruder Ludwig hatte ihm in mehreren Briefen davon und von seinen eigenen Erfolgen beim Goldschürfen berichtet. Von Ludwig wusste er, dass man in nur wenigen Monaten ein Vermögen verdienen

konnte (BW Meyer I, 48) – für den russischen Kaufmann gewiss eine
Herausforderung. Die Amerikareise dürfte daher nicht nur der Suche
nach dem Grab seines verstorbenen Bruders gegolten haben, sondern
auch den lukrativen Goldgeschäften geschuldet gewesen sein. Als er
im Mai in Kalifornien eintraf, richtete er bereits nach einem Monat in
Sacramento ein eigenes Bankhaus für den Handel mit Gold ein; schnell
machte er große Gewinne (Amerika-Tagebuch, 105 f.).

Dennoch gab Schliemann sein Geschäft in Sacramento, wohl aufgrund gesundheitlicher Probleme – er litt immer wieder unter Fieber-
anfällen –, Anfang April 1852 auf. Über Panama, New York, London und
Paris trat er den Rückweg nach Russland an. Erst am 4. August 1852
erreichte er St. Petersburg. Kaum angekommen, besuchte er Jekaterina
Lyshina (1826–1896), der er bereits vor seiner Amerikareise den Hof
gemacht hatte. Nur zwei Monate später – am 24. Oktober – heiratete
er die junge Petersburgerin, »eine russische Dame von hohen körper-
lichen und geistigen Qualitäten« (Amerika-Tagebuch, 126). Die Ehe,
aus der die Kinder Sergej (1855–1939), Natalia (1859–1869) und Nadeschda (1861–1935) hervorgingen, war allerdings nicht glücklich. Der
erste Schliemann-Biograph Emil Ludwig (→ Kap. 7) verweist in seinem
Lebensbild auf einen Brief Schliemanns aus dem Jahr 1867 an einen
Freund seiner Frau, in welchem er die Probleme seiner Ehe schonungs-
los offen benennt.

> *Sie [Jekaterina] behauptet auch ferner außerstande zu sein als Frau mit
> mir zu leben. […] Zugleich fordert sie mich auf, mir eine Geliebte zu
> halten. Dies ist der Grund unseres Unglücks; sie aber stellt mich überall
> als Tyrann hin, als Despot und Wüstling. Vergessen Sie nicht, daß sie
> mich vier- oder fünfmal abwies, solange ich arm war, und daß sie mich
> erst heiratete, als ich reich wurde. Nur bis zu ihrer ersten Schwangerschaft
> gab sie mir willig, was alle Frauen ihren Männern gewähren. Ich muß
> sagen, daß ich ihr die letzten zwei Kinder stehlen mußte.* (Ludwig, 124)

Es ist daher nicht überraschend, dass Schliemann seine erste Frau und
damit seine russische Familie in seiner Autobiographie mit keinem
Wort erwähnt. Dass er sie und seine Kinder – zu denen er zeitlebens
übrigens ein sehr gutes Verhältnis hatte – am Ende in seinem Testament
dennoch bedachte, zeugt von einem gewissen Großmut.

War die Zeit nach seiner Amerikareise privat also wenig glücklich,
liefen seine Geschäfte hingegen äußerst erfolgreich. Besonders vom
Krimkrieg (1853–1856) profitierte der geschickte Kaufmann, der 1852

eine Filiale seines Hauses in Moskau eröffnen konnte. Mit seinen höchst spekulativen Geldanlagen – besonders im Handel mit Indigo und Salpeter – gelang es ihm, sein Vermögen zu vergrößern. Den in dieser Zeit in seinen Briefen durchklingenden Gedanken, sich auf einem Landgut in Mecklenburg von der Arbeitswelt zurückzuziehen, setzte Schliemann jedoch nicht um. An seinen Vater schrieb er 1853, dass er die fortwährende Aufregung brauche, um leben zu können; er werde daher wohl nie dem Rat des Vaters folgen, sich ganz aus dem Geschäft zurückzuziehen und zur Ruhe zu setzen (BW Meyer I, 56 f.). Und zwei Jahre später lesen wir in einem Brief: »Aufrichtig gesagt, Geiz und Habsucht sind bei mir stärker als die Sehnsucht nach einem Landgute in Mecklenburg, und solange der Krieg dauert, ist wohl keine Möglichkeit, mich vom Mammon loszureißen« (BW Meyer I, 66 f.). Man wird Schliemann also getrost als Kriegsgewinnler bezeichnen dürfen.

Der von Schliemann schon vor dem Krimkrieg ausgesprochene Wunsch, die Geschäftswelt hinter sich zu lassen und sich anderen Dingen zu widmen, wurde nach dem Krieg sehr viel stärker. Wiederholt schrieb er, dass ihn der Handel ekele und die Angst, alles zu verlieren, krank mache. In dieser Zeit begann er, andere Sprachen zu lernen und zu reisen (→ Kap. 3); zugleich äußerte er die Absicht, sich in Zukunft vermehrt der Wissenschaft zuzuwenden. Dieser Wunsch ist erstmals in Briefen aus dem Jahr 1856 bezeugt (BW Meyer I, 83; 87). Und nur zwei Jahre später, im April 1858, schrieb er, seine Leidenschaft für die Wissenschaften sei ihm eine unversiegbare Quelle des Glücks: »Denn nach meiner Überzeugung liegt das wahre Glück nicht in Geld, sondern in der Herzensruhe und Selbstzufriedenheit, welche ich früher im Gewühle des großen Geschäfts *nie* kannte, und die mir nur durch die Wissenschaft eigen wurde« (BW Meyer I, 93). Lassen diese Briefe also den Eindruck entstehen, Schliemann wollte sich von seinen Geschäften zurückziehen und der Wissenschaft zuwenden, so beweist ein Brief vom Dezember 1858, geschrieben während seiner ersten langen Europareise, dass eine konkrete Entscheidung in dieser Sache noch lange nicht getroffen war.

Das ganze Leben aber auf Reisen zuzubringen oder es mit dem Nichtsthun in Rom, Paris oder Athen zu verbringen, ist unmöglich für einen Menschen, der – wie ich – daran gewöhnt ist, vom Morgen bis zum Abend praktischer Arbeit nachzugehen. Es ist auch zu spät, mich der wissenschaftlichen Laufbahn (carriera dell'erudito) zu widmen, denn ich bin bereits im Kaufmannsberufe zu alt geworden, um hoffen zu können, in den Wissenschaften noch etwas zu erreichen, die ich zwar zu meinem Vergnügen bislang cultivirte, die zu meiner alleinigen Beschäftigung zu machen mir aber mißfallen würde. Außerdem wäre meine Frau niemals in einer anderen Stadt als Petersburg glücklich. (BW Meyer I, 95)

Immer wieder wurde die Entscheidung vertagt. Hinzu kamen äußere Umstände, die dazu führten, dass er seine Geschäfte fortführen musste: 1861 wurde er für drei Jahre zum Handelsrichter gewählt – ein Ausstieg aus dem Wirtschaftsleben war damit unmöglich. In diesen Jahren profitierte er erneut von einem Krieg, dieses Mal dem Amerikanischen Bürgerkrieg (1861–1865), indem er bedeutende Gewinne im Handel mit Baumwolle und Tee erzielte. Erst 1864 gab er tatsächlich das ›Big Business‹ auf und liquidierte seine Firma in St. Petersburg und Moskau – zu dieser Zeit galt er als einer der vermögendsten Kaufleute Russlands.

Der Geschäftsmann im Archäologen

Auch wenn sich Schliemann ab Mitte der 1860er Jahre vom Handel trennte und in der Folge sein Vermögen und seine Immobilien nur noch verwaltete, blitzte der Kaufmann in ihm immer wieder auch während seiner archäologischen Karriere auf.

Der ›Schatz des Priamos‹ wird heute neutral als ›Schatzfund A‹ von Troia bezeichnet. Schliemann fand den Schatz am 31. Mai 1873 in Troia und zog aufgrund der Lage sowie der Zusammensetzung des Fundensembles – Goldschmuck, Edelmetallgefäße, Geräte, Werkzeug und Waffen – schnell den Schluss, es müsse sich hierbei um den Schatz des troianischen Königs Priamos handeln. Er vermutete damals, jemand aus der Familie des Königs habe die wertvollen Gegenstände in aller Eile vor den nahenden Griechen versteckt (TA, 296). Der Schatz besteht aus über 8000 Einzelobjekten; neben Gefäßen aus Gold, Silber und Bronze befand sich auch Goldschmuck in dem Hort. Weithin bekannt ist eine Photographie Sophia Schliemanns, die sie mit dem berühmten Golddiadem und weiterem Goldschmuck aus dem Schatzfund zeigt. Zeitgenossen vermuteten – da ein Fund in dieser Zusammensetzung bis dato einmalig war –, der Ausgräber habe den Schatz aus verschiedenen Funden zusammengestellt oder sogar von einem Juwelier herstellen lassen. Seither gab es immer wieder ähnliche Vermutungen, zuletzt äußerte D. A. Traill (z. B. 1995, 102 ff.) wiederholt gewisse Zweifel. Seiner Meinung nach handelt es sich beim ›Schatz des Priamos‹ nicht um einen Geschlossenen Fund; vielmehr habe Schliemann den Schatz aus verschiedenen Funden nachträglich zusammengesetzt. Aufgrund von Parallelen mit anderen Objekten herrscht in der Forschung jedoch weitgehend Einigkeit darüber, dass Schatzfund A keine Komposition und keine Fälschung des 19. Jahrhunderts ist. Er stammt vielmehr aus der Frühbronzezeit (3. Jt. v. Chr.), genauer gesagt aus der Schicht Troia II (ca. 2550 bis 2250 v. Chr.). Schliemann lag daher mit seiner Annahme, der Schatz gehöre dem sagenhaften König und damit in die Zeit des Trojanischen Krieges (13./12. Jh. v. Chr.), falsch. 1881 schenkte er den Schatz zusammen mit seiner Troianischen Sammlung dem deutschen Volk; die Sammlung war anfangs im *Kunstgewerbemuseum*, ab 1886 dann im Berliner *Völkerkundemuseum* untergebracht. Während des Zweiten Weltkrieges wurde der Schatz in einem Berliner Bunker gelagert, verschwand dann aber nach Ende des Krieges spurlos. Erst 1991 wurde bekannt, dass er nach Russland gebracht und dort in einem Geheimdepot gelagert worden war. Heute befindet er sich im *Puschkin-Museum* in Moskau.

Als er 1873 den von ihm als ›Schatz des Priamos‹ bezeichneten Fund erstmals der Öffentlichkeit präsentierte, hatte Schliemann ihn bereits illegal von der Ausgrabungsstätte weggeschafft und in Athen versteckt. Die Grabungslizenz des Osmanischen Reiches – der sogenannte *Ferman* – sah jedoch eine Fundteilung zwischen den beteiligten Parteien vor: Schliemann hätte seine Funde demnach mit der türkischen Regierung teilen und die Hälfte an das Museum in Konstantinopel übergeben müssen. Um dies und die Arbeiten ganz generell zu kontrollieren, hatte man ihm von Beginn der offiziellen Grabungen 1871 an einen Inspektor zur Seite gestellt. Im Falle des ›Priamosschatzes‹ half dies offenbar nichts, und Schliemann gelang es, den Schatz außer Landes zu schmuggeln. Als die Hohe Pforte – also die osmanische Regierung – von diesem exzeptionellen und goldreichen Schatzfund aus der Presse erfuhr, bestand sie auf der vereinbarten Fundteilung. Schliemann weigerte sich allerdings, den entsprechenden Fundanteil herauszugeben und das Versteck des Schatzes zu nennen. Da zu erwarten war, dass die türkische Regierung nichts unversucht lassen würde, um an den Schatzfund zu kommen, versteckte er ihn bei Freunden und Bekannten an verschiedenen Orten. Tatsächlich fand eine Durchsuchung des Schliemann'schen Hauses in Athen statt – doch erfolglos: Der Schatz blieb unauffindbar. Es kam zu einem einjährigen Prozess vor einem Athener Gericht, der für Schlagzeilen in der internationalen Presse sorgte – etwa in der *AAZ* (17. Juni 1874; 15. Juli 1874, Beil.), *Times* (27. Mai 1874) sowie *New York Times* (21. Mai 1874) – und Schliemann, wie er viele Jahre später Virchow gestand, um »5 Jahre älter machte« (BW Virchow, 244). Die Hohe Pforte pochte auf ihr Recht und schreckte auch vor einer Beschlagnahme von Schliemanns Haus nicht zurück. Sie forderte vor Gericht die Heraus-

gabe der Funde. Doch dazu kam es nicht: Schliemann wurde im April
1875 lediglich zu einer Geldstrafe verurteilt. Bereits im Dezember 1874
hatte er mit einer gütlichen Einigung mit den Türken gerechnet, wie sich
aus einem Brief an die Redaktion der *Allgemeinen Zeitung* ergibt: »Bei
Ankunft des neuen türkischen Gesandten, Photidias Bey, der täglich
hier erwartet wird, werde ich höchst wahrscheinlich ein Arrangement
mit der türk. Regierung machen, in Folge deßen der Prozess sein Ende
nimmt u ich die Ausgrabungen in Ilium auf 3 oder 4 Monate lang zum
alleinigen Nutzen des türk. Museums fortzusetzen habe« (HSP, BBB 34,
214). So kam es zwar nicht, aber Schliemann musste dem Osmanischen
Reich, sozusagen als Schadensersatz, 10 000 Goldfranken – heute etwa
eine halbe Million Euro – zahlen. In Anbetracht des realen Wertes des
Schatzes war dies aber eine äußerst geringe Summe, die der als geizig
bekannte Kaufmann freiwillig auf 50 000 Goldfranken erhöhte. Dadurch hoffte er, die türkische Regierung milde zu stimmen – schließlich
wollte er auch in Zukunft in Troia Ausgrabungen durchführen, und das
ging nur mit einer Grabungsgenehmigung der Pforte.

> *Endlich am 15. April ist zwischen der Türkei und mir der Friede abge-*
> *schlossen; ich habe 50 000 Franken bezahlt, und die Türkei hat dagegen*
> *auf alle Ansprüche auf mein trojanisches Museum verzichtet, welches ich*
> *daher eiligst aus den hundert Schlupfwinkeln, wo es seit elf Monaten ver-*
> *steckt war, hervorgeholt und in mein Haus gebracht habe. Den Schatz aber*
> *habe ich der griechischen Bank in Verwahr gegeben.* (BW Rust, 206 f.)

Die Gründe, warum er den Schatz illegal von Troia fortgeschafft hatte,
sind nicht ganz eindeutig. Es ist durchaus möglich, dass Schliemann die
Aufteilung des Schatzfundes vermeiden und damit den Fund als kom-
plettes Ensemble bewahren wollte (BW Virchow, 244). Wahrscheinlicher ist jedoch, dass er mit dem Fund ein gewinnbringendes Geschäft zu
machen hoffte. Denn schon recht bald nach dem Auffinden des Schatzes
dachte er darüber nach, ihn an ein großes europäisches Museum – London, Paris, St. Petersburg – zu verkaufen (BW Briefe, 140) oder gegebenenfalls zu verschenken, wenn er dafür – wie im Falle Griechenlands – in Mykene und Olympia ausgraben dürfte (Ludwig, 190 ff.).

   Schliemanns Hang zum ›Feilschen‹ lässt sich noch an einem anderen Beispiel veranschaulichen. 1879 entschloss er sich, seine Troia-
Sammlung dem deutschen Volk zu schenken (BW Virchow, 156). Diese
Schenkung verknüpfte er im Vorfeld jedoch mit ganz konkreten Forderungen. Mittelsmann zwischen der Regierung und Schliemann war

neben dem Generaldirektor der *Königlichen Museen zu Berlin*, Richard Schöne (1840–1922), besonders Schliemanns Freund Rudolf Virchow, dessen gesellschaftlicher und politischer Einfluss bis in Berlins höchste Kreise reichte.

Der berühmte Berliner Mediziner, Pathologe, Politiker und Prähistoriker Rudolf Virchow wurde 1821 in Pommern geboren. Er beschäftigte sich seit Ende der 1860er Jahre vermehrt mit prähistorischen Fragen und gehörte bald zu den zentralen Gestalten der deutschen Ur- und Frühgeschichtswissenschaft, deren Entwicklung er stark prägte. Virchow war 1869 Mitbegründer der *Berliner Gesellschaft für Anthropologie, Ethnologie und Urgeschichte* und ein Jahr später auch der *Deutschen Gesellschaft für Anthropologie, Ethnologie und Urgeschichte*. Mit der Gründung der einflussreichen Gesellschaften hat er die Professionalisierung der Ur- und Frühgeschichtswissenschaft vorangetrieben und der im Werden begriffenen jungen Forschungsrichtung eine naturwissenschaftliche Ausrichtung gegeben. Schliemann nahm 1876 Kontakt mit Virchow auf, 1879 beteiligte Virchow sich erstmals an Ausgrabungen in Troia. In den folgenden Jahren entstand eine enge Freundschaft zwischen beiden. Gerade in fachlicher Hinsicht hatte Virchow einen prägenden Einfluss auf Schliemann, er war Freund und Förderer und verteidigte ihn ein ums andere Mal gegen Anfeindungen aus wissenschaftlichen Kreisen. Es ist Virchows Verdienst, dass Schliemann seine *Sammlung Trojanischer Alterthümer* nach Berlin brachte und die Ehrenbürgerschaft der Hauptstadt erhielt. Ihm selbst wurde diese hohe Ehre erst zehn Jahre später anlässlich seines 70. Geburtstages zuteil. Er starb 1902 in Berlin an den Folgen eines Unfalls.

Schliemanns Befürchtung, mit der Schenkung womöglich etwas falsch zu machen, war groß. Zum einen hatte er Angst, seine Sammlung würde in dem ihm zur Verfügung gestellten Räumen im zu dieser Zeit in Bau befindlichen *Ethnologischen Museum* in Berlin nicht genügend Platz finden. Er forderte daher nachdrücklich, dass der Sammlung der nötige Raum zur Verfügung zu stellen sei, da nur so eine ihrem Wert und ihrer Wichtigkeit angemessene Aufstellung möglich sei (BW Virchow, 230). Zum anderem sorgte er sich um die Sicherheit der Gegenstände. An Schöne schrieb er im Dezember 1880: »Daß Sie in Ihren Museen weder detectives noch constables und nur Aufseher haben, die von einem Zimmer ins andere gehen, hat mich der trojanischen Goldsachen wegen in gewaltige Furcht und Schrecken gesetzt« (BW Berlin, 64). Schliemann forderte daher einen diebstahlsicheren eisernen Schrank, worin die Goldsachen unterzubringen seien. Auch mit der Beleuchtung haderte er; selbst bei Sonnenschein, so erfahren wir, könne man in den hinteren Schränken kaum etwas erkennen, ja nicht einmal eine »Ziege von einer

Schildkröte« unterscheiden: »An ein Studium der Tausende in jenem Saale aufgestellten Gegenständen ist somit nicht im Entferntesten zu denken. Der Zweck der Aufstellung ist somit durchaus verfehlt, wenn Sie den Saal nicht mit Gas erleuchten, worum ich dringend ersuche« (BW Berlin, 80). Die Schenkung verknüpfte Schliemann überdies mit der Bitte, die Säle, in denen die Sammlung ausgestellt werden würde, nach ihm zu benennen (BW Virchow, 234; BW Berlin, 80).

Waren dies Bedingungen, die in ein paar Briefen und Gesprächen geklärt werden konnten, bereiteten Schöne und Virchow beispielsweise seine Forderungen, ihm den Orden *Pour le Mérite* zu verleihen (BW Berlin, 68; 69; BW Virchow, 250) sowie ihn und seine Frau zu Ehrenbürgern Berlins zu ernennen (BW Virchow, 244), weitaus mehr Kopfzerbrechen. Wir sehen: Ganz ohne Gegenleistung wollte der erfolgreiche Ausgräber seine außergewöhnliche Sammlung dann doch nicht herausgeben. In einem Brief Virchows an Schliemann vom 10. Januar 1881 wies der gewiefte Parlamentarier und langjährige Abgeordnete der Berliner Stadtverordnetenversammlung recht anschaulich auf die bürokratischen Probleme hin.

> *Ihre Idee mit dem Ehrenbürgerrecht ist vortrefflich. Die Sache läßt sich nur nicht so eilig machen. [...] Warten Sie doch noch einige Monate. Wir stecken jetzt so tief in den politischen Kämpfen, daß sich die öffentliche Aufmerksamkeit zu sehr teilt. Wenn das Parlament im Frühjahr Ferien macht, so wird es die beste Zeit sein, die olympische Aera zu eröffnen. Was sagen Sie dazu? Vergessen Sie auch nicht, daß Magistrat und Stadtverordnete etwas schwerfällige Körper sind, bei denen solche Hauptaktionen etwas Zeit kosten. Ehrenbürger macht man nicht alle Jahre, und ich würde da doch auch gern etwas Zeit haben, um die Gemüter warm zu machen und alles vorzubereiten. Wenn 126 Stadtverordnete abstimmen, da gibt es immer eine große Zahl von Querköpfen, und es ist nicht ganz so einfach, eine sichere Majorität zu schaffen. Aber ich will gern das Meinige tun, und ich habe die beste Hoffnung.* (BW Virchow, 243)

Davon abgesehen, hatten bis zu diesem Zeitpunkt lediglich zwei Wissenschaftler die Ehrenbürgerwürde verliehen bekommen, darunter der berühmte Naturforscher Alexander von Humboldt (1769–1859) und der Altertumswissenschaftler August Boeckh (1785–1867).

Schliemann wurde letzten Endes zwar nicht mit dem Orden *Pour le Mérite* ausgezeichnet, aber Virchow gelang es tatsächlich, für seinen Freund die Ehrenbürgerschaft der Stadt Berlin zu erwirken. Bereits im

Juni hatten Magistrat und Stadtverordnetenversammlung durch ihre Zustimmung den Weg geebnet, und am 7. Juli 1881 wurde dem gebürtigen Mecklenburger in einem feierlichen Festakt im Berliner Rathaus der Ehrenbürgerbrief verliehen.

Spätestens jetzt war der archäologische Autodidakt Schliemann in den gelehrten Kreisen und Zirkeln angekommen. Die Aufstellung seiner Sammlung im *Kunstgewerbemuseum* besorgte er eigenhändig und zusammen mit seiner Frau. Am 7. Februar 1882 wurde sie feierlich der Öffentlichkeit übergeben.

Literatur

D. F. Easton, »Was Schliemann a Liar?«. In: J. Herrmann (Hrsg.), Heinrich Schliemann. Grundlagen und Ergebnisse moderner Archäologie 100 Jahre nach Schliemanns Tod (Berlin 1992) 191 – 198.

D. F. Easton, Heinrich Schliemann: Hero or Fraud? Classical World 91, H. 5, 1998, 335 – 343.

J. Mai, Heinrich Schliemann als »homo oeconomicus«. Mitteilungen aus dem Heinrich-Schliemann-Museum Ankershagen 6, 1999, 95 – 100.

D. A. Traill, Schliemann's Discovery of ›Priam's Treasure‹: A Re-Examination of the Evidence. Journal of Hellenic Studies 104, 1984, 96 – 115.

D. A. Traill, »Priam's Treasure«: Further Problems. In: J. Herrmann (Hrsg.), Heinrich Schliemann. Grundlagen und Ergebnisse moderner Archäologie 100 Jahre nach Schliemanns Tod (Berlin 1992) 183 – 189.

3

Der Kosmopolit

Das 19. Jahrhundert steht wie kaum ein anderes für ›Technik‹ und ›Fortschritt‹ und damit für enorme Umwälzungen auf zahlreichen Gebieten. Dies betrifft neben wissenschaftlichen Errungenschaften – erinnert sei beispielsweise an Charles Darwin (1809 – 1882) und seine Evolutionstheorie – vor allem technische, wirtschaftliche, politische und soziale Entwicklungen. Gerade die technischen Erfindungen führten zu gesellschaftlichen Veränderungen. Hierzu zählte etwa der Ausbau der Eisenbahn, der die allgemeine Mobilität nicht nur beschleunigte, sondern zunehmend erleichterte. Auf deutschem Territorium förderte wiederum der Zusammenschluss der deutschen Länder zum Deutschen Zollverein in den 1830er Jahren ganz wesentlich die wirtschaftliche und industrielle Entwicklung der einzelnen Bundesstaaten. Der zunehmende Einsatz von Dampfschiffen zog ebenfalls erhebliche Verbesserungen nach sich: Um die Jahrhundertmitte benötigte man für die Überquerung des Atlantiks weniger als 14 Tage. Auch kommunikationstechnisch kam es zu grundlegenden Veränderungen. Die Erfindung der Telegraphie etwa erleichterte ab der Mitte des 19. Jahrhunderts durch den von Samuel Morse entwickelten Schreibtelegraphen und die Verlegung von Seekabeln vom Kontinent nach Großbritannien und später auch nach Nordamerika die Kommunikation in einem zuvor unvorstellbaren Maße. Aber auch die Entstehung der modernen Presse muss hier genannt werden. Neue Presseerzeugnisse wie ›Pfennigblätter‹ und illustrierte Zeitschriften förderten nach dem ersten Drittel des 19. Jahrhunderts die Entwicklung der Zeitung bzw. Zeitschrift hin zum Massenmedium am Ende des Jahrhunderts. Doch nicht allein die neuen Presseerzeugnisse, sondern auch parallel laufende technische Weiterentwicklungen in der Zeitungsproduktion sowie politische und gesellschaftliche Fortschritte (z. B. Pressefreiheit und Alphabetisierung) spielten eine große Rolle hinsichtlich verbesserter Kommunikationsmöglichkeiten und für einen schnelleren Informationsaustausch.

Die Welt rückte also schon im Zeitalter der Industrialisierung enger zusammen; das, was wir heute unter den Begriff ›Globalisierung‹ als scheinbar völlig neuartiges Phänomen fassen, lässt sich bereits für den Zeitraum von etwa 1840 bis zum Ersten Weltkrieg beobachten. Von dieser zeitspezifischen Tendenz profitierte auch Schliemann, der nicht nur als Selfmademan, sondern auch als echter Weltbürger zu begreifen ist. Sein Itinerar belegt eine in jener Zeit bemerkenswerte Mobilität, die in vergleichbarem Ausmaß – verschiedene Reisen durch Europa, eine Weltreise, drei Aufenthalte in Nordamerika und weitere in Mittelamerika, mehrere Nilfahrten, Reisen zu Ausgrabungsorten und Konferenzen – selten anzutreffen war. Er sprach und schrieb zudem mehr als ein Dutzend Sprachen; einige – wie z.B. Arabisch, Hindustani und Türkisch – lernte er offenbar ganz praxisnah auf seinen Reisen oder während eines längeren Aufenthaltes in den entsprechenden Ländern. Sprachbegabung und Reiselust gingen also Hand in Hand.

Einmal um die ganze Welt

Über Schliemanns Reiseaktivitäten sind wir relativ gut unterrichtet: erstens durch seine rege Korrespondenz, die er auch während seiner Reisen zu führen pflegte; zweitens hielt er seine Eindrücke in Tagebüchern fest, die er in der Regel in der jeweiligen Landessprache seines Aufenthaltsortes niederschrieb. Nicht selten ist ein solches Tagebuch in drei bis vier Sprachen verfasst. Insgesamt sind 18 Tagebücher aus der Zeit zwischen 1846 bis 1890 überliefert, allerdings liegen bisher nur drei von ihnen – das Tagebuch seiner ersten Amerikareise (1850/51), das Ostasien-Tagebuch (1865) und das seiner Ausgrabungen in Mykene (1876) – ediert und publiziert vor. In den letzten Jahren hat die *Gennadius Library* der *American School of Classical Studies*, die sich um den Nachlass kümmert, einige Tagebücher digitalisiert und über das World Wide Web verfügbar gemacht.

Versucht man, die Stationen von Schliemanns Lebensweg nachzuzeichnen, so stellt man fest, dass er die sich ihm anbietenden Fortbewegungsmittel – Schiff, Bahn, Kutsche und Pferd – zu nutzen wusste. Er war zweifellos ein rastloser Mensch. Das zeigte sich auch noch unmittelbar vor seinem Tod. Nach seiner schweren Ohrenoperation in Halle im November 1890 reiste er nicht direkt zu seiner Familie nach Athen, sondern trat den Heimweg über Leipzig, Berlin, Paris und Neapel an. An Heiligabend – einen Tag vor seinem folgenschweren Zusammenbruch auf offener Straße in Neapel – hatte er noch die neuesten Ausgrabungen in Pompeji besichtigt.

Schliemann hatte bereits ab Mitte der fünfziger Jahre an die Aufgabe seiner Handelsgeschäfte gedacht. Dafür verantwortlich war zum einen

die Tatsache, dass der Handel bei ihm keine Begeisterung mehr auszulö-
sen vermochte (sicherlich auch dadurch bedingt, dass er bereits ein großes Vermögen angehäuft hatte); zum anderen nahmen seine Ehepro-
bleme zu, und er fühlte sich in St. Petersburg dadurch immer unwohler.
Seine erste längere Reise, 1858/59 durch Europa und den Orient, mu-
tet so beinahe wie eine Flucht an – vor dem mittlerweile ungeliebten
Handel und seiner schwierigen Ehe. An einen befreundeten russischen
Kaufmann schrieb er von dieser Reise aus Messina (Sizilien): »In der
That kann ich Ihnen nicht beschreiben, wie sehr das Reisen schmeckt
nach derart vielen Unannehmlichkeiten, wie ich sie während der Crise
[nach dem Krimkrieg] durchzumachen hatte« (BW Meyer I, 95).

Schliemanns erste große Reise (Abb. 3) führte ihn 1858 zuerst nach
Stockholm, von dort nach Kopenhagen und dann mit der Bahn über
deutschen Boden nach Italien. Dort machte er unter anderem in Rom,

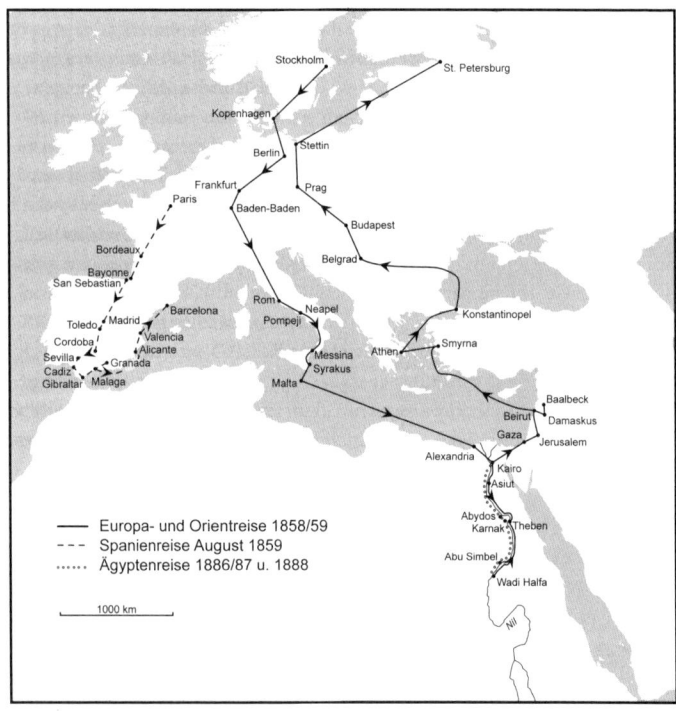

Abb. 3: Schliemanns Europa- und Orientreise (1858/59) sowie Spanienreise (1859).

Neapel und Pompeji Halt. Über Sizilien und Malta kam er 1859 in Ägypten an und reiste per Schiff den Nil hinauf bis zum Zweiten Katarakt – eine Tour, die er übrigens 1886 / 87 und dann noch einmal 1888, jetzt zusammen mit Virchow, wiederholte. Die erste Nilfahrt nutzte er – so schreibt er jedenfalls in seiner Autobiographie (Ilios, 20) – um Arabisch zu lernen. Von dieser Fahrt zurück in Kairo startete er in Richtung Palästina; diese Strecke legte er mit dem Pferd und einigen Kamelen, die mit Proviant beladen waren, zurück. In Palästina besuchte er einige antike Stätten und erreichte dann im Juni 1859 über Jerusalem, Beirut und Damaskus – stets darauf erpicht, seine praktischen Kenntnisse des Arabischen zu vertiefen – das kleinasiatische Smyrna (Izmir). Die letzten Stationen seiner Reise bildeten die Inselgruppe der Kykladen und ein Aufenthalt in Athen. Aufgrund einer Erkrankung und wegen geschäftlicher Probleme brach er die Reise ab und kehrte im Sommer nach St. Petersburg zurück. Doch schon im Herbst trat er erneut eine längere Reise an, dieses Mal nach Spanien, wo er eine etwa zweimonatige Rundfahrt per Bahn und Postkutsche unternahm.

Abermals kehrte Schliemann nach St. Petersburg zurück und ging dort bis zu Beginn des Jahres 1864 seinen Geschäften nach, ehe er seine beiden Handelshäuser dann endgültig liquidierte. Er verließ Russland und begab sich auf eine fast zweijährige Weltreise (Abb. 4). Nach verschiedenen Stationen in Europa machte er sich von Ägypten aus über den Suezkanal durch das Rote Meer nach Indien auf. Im Dezember 1864 erreichte er Kalkutta und reiste von dort in das Himalaya-Gebirge, wo er über Neujahr verweilte. Während seines fast einmonatigen Aufenthaltes in Indien besichtigte er auch das berühmte, aus dem 16. Jahrhundert stammende Taj Mahal in Agra. Ende Januar 1865 brach er nach Singapur auf, um sein südlichstes Ziel, das heutige Indonesien, anzusteuern. Über Saigon erreichte er Anfang April schließlich Hongkong.

Über seinen Aufenthalt in China und später dann auch in Japan sind wir durch seine Tagebucheintragungen und sein auf diesen Aufzeichnungen basierendes erstes Buch, das 1867 französisch unter dem Titel *La Chine et le Japon au temps présent* erschien, bestens unterrichtet. In seinem Ostasien-Tagebuch beschreibt er nicht nur seine Reiseroute, sondern berichtet auch ausführlich – quasi in ethnographischer Manier – über Land und Leute. So entsteht ein eindrucksvolles Panorama, das besonders von seinen anekdotenhaften und burlesken Erlebnissen lebt. Ob sich jedoch alles, was er schildert, tatsächlich so ereignet hatte, kann nicht mit Sicherheit gesagt werden. Wie wir schon mehrmals gesehen haben, neigte Schliemann zu Übertreibung und Verdrehung der Tatsachen.

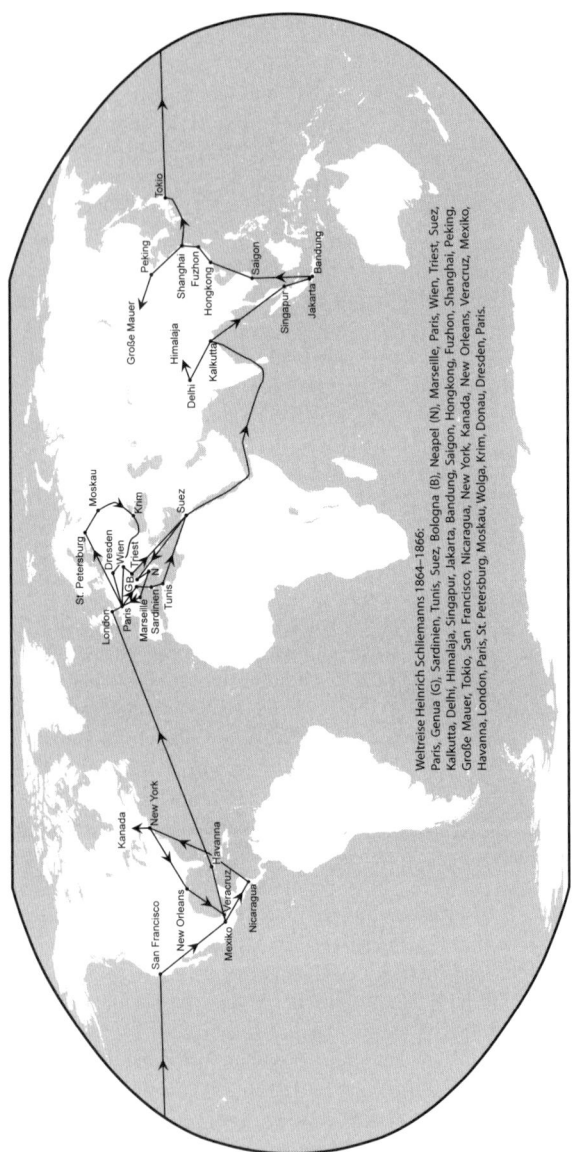

Abb. 4: Weltreise Schliemanns 1864–1866.

Daß die japanische Sprache kein Geschlecht kennt, um den Unterschied zwischen männlich, weiblich und sächlich zu kennzeichnen, scheint mir hier ins tägliche Leben übertragen zu sein, denn vom Morgengrauen bis zum Sinken der Nacht sind die öffentlichen Bäder voll von Männern und Frauen aller Altersstufen, und alle tragen sie das Kostüm unserer Urahnen, bevor sie den verhängnisvollen Apfel gegessen hatten. »O heilige Einfalt!« rief ich, als ich zum ersten Male an einem dieser öffentlichen Bäder vorüberging und dreißig oder vierzig Männer und Frauen vollkommen nackt, neugierig aus dem Haus liefen, um von dichtbei ein merkwürdig geformtes Korallenstück zu betrachten, das an meiner Uhrkette hing. (Ostasien-Tagebuch, 159 f.)

Auf dieser Weltreise wird Schliemanns zunehmendes Interesse an antiken Monumenten deutlich. Er besuchte nicht nur das Taj Mahal in Indien, sondern auch zahlreiche andere Tempel und Paläste aus vergangenen Tagen. Selbstverständlich reiste er während seines Aufenthaltes in China zur Großen Mauer, von der er sogar ein Souvenir – einen Ziegel – zurück nach St. Petersburg brachte. Den Auf- und Abstieg auf die Chinesische Mauer und die damit verbundenen Strapazen und Entbehrungen beschreibt er in seinem Ostasien-Tagebuch in seiner ganz eigenen und typisch theatralischen Art. Interessant an seiner Darstellung ist der Verweis auf seine Kindheit, in der er von der Großen Mauer fasziniert gewesen sei. Dürfen wir Schliemann hier Glauben schenken? Oder handelt es sich nicht eher um eine nachträgliche Prahlerei, um seinen Ausführungen mehr Gewicht zu verleihen?

Die Große Chinesische Mauer, von der ich seit meiner Kindheit nicht ohne ein Gefühl lebhafter Neugier hatte hören können – hier sah ich sie nun vor mir, und hundertmal großartiger, als ich sie mir vorgestellt hatte, und je länger ich diese ungeheure Barriere mit ihren Zinnentürmen betrachtete, desto mehr schien sie mir als das sagenhafte Werk einer Rasse von vorsintflutlichen Riesen. […] Mit Freude wäre ich bis zum Abend auf dem Turm geblieben, weil meine Augen sich an diesem großartigen Panorama nicht sattzusehen vermochten. Aber die Sonne brannte, und ein schrecklicher Durst zwang mich schließlich, diese ungastliche Gegend zu verlassen. Rücklings und auf die Hände gestützt stieg ich den sechsten und fünften Abhang hinab und gelangte dann auf einen schmalen Pfad, der mich in zahlreichen Windungen an den Fuß der Berge brachte. Mehrere Male war es so steil, daß ich mich auf den Bauch legen und mich gleiten lassen mußte. Trotzdem brachte ich nicht nur mein langes Fern-

rohr, sondern auch einen siebenundsechzig Zentimeter langen Ziegel heil
zu Tal, indem ich mir nämlich beides auf den Rücken band. (Ostasien-
Tagebuch, 148 f.)

Nach seinem mehrwöchigen Aufenthalt in China setzte er Ende Mai
1865 von Shanghai ins japanische Yokohama, nahe Tokio, über. Dort
blieb er etwa einen Monat. Über Umwege gelang es ihm – als einem der
wenigen Ausländer –, die damalige Hauptstadt Edo (Tokio) zu besu-
chen (Ostasien-Tagebuch, 165 ff.). Dabei wurde er von Polizeibeamten,
die für seine Sicherheit sorgen sollten, auf Schritt und Tritt begleitet:
Fremde waren in der Hauptstadt eine Sensation, weshalb sich die Ein-
heimischen um ihn drängten und unbedingt berühren wollten (ebd.
172). Von Japan aus brach er nach Amerika auf, das er nach fünfzigtä-
giger Überfahrt und der dabei realisierten Niederschrift seines ersten
Buches Ende August erreichte (Ilios, 22). Erneut war er in Kalifornien
unterwegs: San Francisco stand ebenso auf dem Programm wie seine
alte Wirkungsstätte Sacramento. Anschließend begab er sich nach Mittelamerika und reiste über Nicaragua schließlich nach New York und
weiter nach Kanada. Hier besichtigte er unter anderem die Niagarafälle.
Danach ging es auf dem Landweg über New Orleans bis nach Veracruz
und Mexiko City. Die Rückkehr nach Europa trat er über Havanna an;
zu Beginn des Jahres 1866 traf er in London ein. Von dort fuhr er nach
Paris, wo er sich die nächsten drei Jahre niederließ, um sich ganz dem
Studium der Archäologie zu widmen. Dieses unterbrach er nur für Reisen nach Amerika und für seine erste archäologische Expedition nach
Ithaka, auf die Peloponnes und in die Troas (1868/69) (→ Kap. 1). Auf
seiner insgesamt dritten Nordamerikareise von März bis Juli 1869 ließ
er sich von seiner russischen Frau Jekaterina scheiden, da der Versuch
einer Versöhnung der beiden nach seiner Weltreise gescheitert war.
Bereits während seiner zweiten Amerikareise (1867/68) hatte er her-
ausgefunden, dass eine Scheidung als amerikanischer Staatsbürger relativ leicht und ohne das Einverständnis seiner Frau zu bewerkstelligen
war – sie hatte sich nämlich wiederholt geweigert, ihre Einwilligung zu
geben. Schliemann reiste also nach Amerika, erhielt Ende März 1869
seine Papiere als amerikanischer Staatsbürger und ließ sich dann für
einige Monate in Indianapolis nieder, wo das Scheidungsrecht weniger
streng war. Am 30. Juni erfolgte aufgrund der Vorlage einiger Briefe Je-
katerinas, die Schliemann stellenweise manipuliert hatte, die Scheidung.
    Nur wenige Monate später, am 24. September 1869, heiratete der
47-Jährige in Athen die dreißig Jahre jüngere Griechin Sophia Engastro-

menos. Der Verbindung war eine regelrechte Brautschau vorausgegangen, die er noch im Februar 1869, also vor seiner Scheidung im Juni, in Angriff genommen hatte. Er hatte seinem früheren Lehrer für Neugriechisch in St. Petersburg, Theokletos Vimpos, geschrieben, er suche eine Frau griechischen Typs, die ein gutes und liebreiches Herz habe und sich wie er für Homer begeistere. Vimpos schickte ihm zwei Photos von potenziellen Kandidatinnen. Recht schnell entschied sich Schliemann für Sophia, die Nichte seines Lehrers, auch wenn er sie anfangs für zu jung hielt. Bereits im Mai informierte er seinen Vater, er werde sie heiraten, da er nur mit einer Griechin glücklich werden könne. Einschränkend fügte er aber hinzu, sie müsse unbedingt Sinn für die Wissenschaft mitbringen (BW Meyer I, 149). Offenbar hatte Sophia sowohl Interesse an der Wissenschaft als auch Sinn für Homer; bei einem Besuch Schliemanns soll sie einige Homerverse rezitiert und so sein Herz gewonnen haben.

Die Ehe der beiden verlief – nach einem etwas holprigen Start – glücklich. Seine junge Frau erlitt nach der Hochzeitsreise über Sizilien, Neapel, Rom, Venedig, München nach Paris einen Nervenzusammenbruch. Ausgelöst hatte diese Erschöpfung das ruhelose Wesen ihres Gatten, der sie in nur zwanzig Tagen durch die europäischen Metropolen getrieben hatte und sie zudem immer wieder dazu drängte, Sprachen zu erlernen, was ihr – anders als ihm – nicht leicht fiel. Es bedurfte also erst einer Phase des Kennenlernens ehe sich ihre Beziehung mit den Jahren zu einer kongenialen Partnerschaft entwickelte. 1871 kam Tochter Andromache und 1878, nach einigen Fehlgeburten, Sohn Agamemnon zur Welt. Sophia begleitete ihren Mann auf seinen Ausgrabungen, und mit der Zeit erlernte sie – sehr zu seiner Freude – auch verschiedene Sprachen, unter anderem Deutsch, Englisch und Französisch.

Sprachgenie

Schliemanns unbändige Reiselust muss zweifelsohne im Zusammenhang mit seiner einmaligen Sprachbegabung betrachtet werden. Überall in Europa konnte er sich in der jeweiligen Landessprache verständigen. Bereits während seiner Zeit als Bürodiener in Amsterdam begann er mit dem »Studium der neueren Sprachen«, um seine recht bescheidene Stellung zu verbessern (Ithaka, VIII). Nichts, so vernehmen wir, sporne nämlich mehr zum Studium an, als die Aussicht, sich dadurch aus dem »Elend« zu befreien. Begründete er in *Ithaka* seine Lernbegierde also damit, seine beruflichen Aussichten verbessern zu wollen, erweiterte er diese Passage mehr als zehn Jahre später. In *Ilios* (11 f.) heißt es jetzt, dass er sich ›seiner‹ Minna, die er immer noch zu heiraten suchte, würdig erweisen wollte; sie sei, so hören wir, ein weiterer Antrieb für seine Lernbegierde gewesen. Diese Aussage ist jedoch mehr als zweifelhaft. Wie wir wissen, heroisierte Schliemann Minna Meincke in seiner *Ilios*-Autobiographie beispiellos.

Er brachte sich jedenfalls in kürzester Zeit über ein Dutzend Sprachen im Selbststudium bei. Von seinem Hang – und gewiss auch Drang –, Sprachen zu lernen, hören wir das erste Mal in einem Brief vom Silvestertag 1856 an seine Tante Magdalena. Darin führt er an, dass er bereits 15 Sprachen »geläufig spreche u. schreibe« (BW Meyer I, 86). Neben seiner Muttersprache gehörten zu diesen Sprachen: Englisch, Französisch, Holländisch, Italienisch, Spanisch, Portugiesisch, Russisch, Slowenisch, Polnisch, Dänisch, Schwedisch, Neugriechisch, Altgriechisch und Lateinisch. Später kamen Arabisch, Hindustani, Persisch und Sanskrit, Türkisch sowie Hebräisch hinzu.

Seine eigentümliche Methode des Spracherwerbs erläuterte Schliemann erstmals ausführlicher in der Vorrede zu seinem *Ithaka*-Buch (1869) und dann nochmals in seiner Autobiographie in *Ilios* von 1881. Die erste Sprache, die er erlernte, war Englisch. Seine Methode bestand darin, »viel mit lauter Stimme zu lesen, keine Uebersetzungen zu machen, alle Tage eine Stunde zu nehmen, immer Ausarbeitungen über uns interessante Gegenstände niederzuschreiben, diese unter der Aufsicht des Lehrers zu verbessern, auswendig zu lernen und in der nächsten Stunde aufzusagen, was man am Tage vorher verbessert hat« (Ithaka, IX). Um sich eine korrekte Aussprache anzueignen, besuchte er regelmäßig den englischen Gottesdienst, und zur Erweiterung des Wortschatzes las er unter anderem Walter Scotts *Ivanhoe* (Ilios, 12), denn »spielend lernt man alle Vocabeln beim Auswendiglernen guter Prosa« (BW Meyer II, 367). Die Grammatik lerne man dagegen am besten durch die Praxis. Mit dieser Methode eignete er sich auch alle anderen Sprachen an. Französisch lernte er so in einem halben Jahr, für Holländisch, Italienisch, Spanisch und Portugiesisch benötigte er gar nur noch etwa sechs Wochen (Ithaka, IX).

Es ist aus heutiger Sicht schwer einzuschätzen, wie gut Schliemann die von ihm erlernten Sprachen tatsächlich beherrschte. In seinem Nachlass finden wir neben den in mehreren Sprachen verfassten Tagebüchern auch zahlreiche fremdsprachige Briefe. Daneben gibt es Aufzeichnungen sowie ganze Hefte, die Sprachübungen – grammatikalischer und orthographischer Art – auf Arabisch, Griechisch, Schwe-

disch, Italienisch und Spanisch enthalten. Schliemann hat sich also
intensiv mit diesen Sprachen beschäftigt. Und gemäß seinem überbor-
denden Selbstbewusstsein war er von seinen sprachlichen Fähigkeiten
selbst mehr als überzeugt. Seinem Promotionsgesuch an der Universität
Rostock hatte er 1869 auch seinen Lebenslauf beigelegt: auf Französisch, Lateinisch und Altgriechisch. An seinen Vetter Adolph Schliemann, der ihm im Vorfeld bei der Überwindung der bürokratischen
Hürden behilflich war, schrieb er im März, dass sein Altgriechisch
»fehlerlos« sei, während ihn die lateinische Version doch einige Mühe
gekostet habe und dort gewiss noch Fehler zu finden seien (BW Briefe,
112 f.). Der Gutachter der Doktorarbeit, der Rostocker Gräzist Ludwig Bachmann (1792 – 1881), war jedoch völlig anderer Ansicht und
bescheinigte Schliemann in seinem Promotionsgutachten, dass die alt-
griechische Version der Vita erhebliche Mängel aufwies und daher besser nicht eingereicht worden wäre. Vor diesem Hintergrund ist also eine
gewisse Skepsis gegenüber Schliemanns eigenen Äußerungen über seine
Sprachkenntnisse angebracht.

*H. Schliemann hat uns den Bericht über sein Leben und seinen Bil-
dungsgang in 3 Sprachen vorgelegt; der in französischer Sprache abge-
fasste Bericht liest sich sehr gut, da der Verf. dieser Sprache vollkommen
mächtig ist; die latein. Vita ist, einige Verstösse abgerechnet, sprachlich
grossentheils ganz befriedigend; die Uebertragung aber derselben ins
Griechische wäre besser ganz weggeblieben, denn der Mangel an griech.
Wendungen und Satzfügungen zeigt, daß der Verf. einen syntactischen
Cursus dieser Sprache nicht durchgemacht hat und daher einen vollstän-
dig in sich geschlossenen Satz in antiker Form zu bilden nicht versteht.*
(Richter, 172)

Schliemanns Selbststudium von Fremdsprachen war schon zu seinen
Lebzeiten legendär, schließlich hatte er selbst mehrfach darüber geschrieben und seine eigenwillige Methode buchstäblich feilgeboten,
wie ein Schreiben Schliemanns vom Mai 1869 an die Amerikanische
Philologenversammlung bezeugt (BW Meyer I, 153 ff.). Seine Methode
wurde aber auch von anderen Zeitgenossen in biographischen Texten hervorgehoben, etwa von seinem mecklenburgischen Landsmann
Friedrich Schlie, der Schliemanns Leben 1876 in der Wochenschrift *Im
neuen Reich* detailliert beschrieb und einer breiten Öffentlichkeit bekannt machte.

Friedrich Schlie (1839–1902) studierte in Rostock und München Philologie und Klassische Archäologie. 1867 promovierte er über ein etruskisches Thema und war danach für zwei Jahre als ›Hilfssekretär‹ am *Deutschen Archäologischen Institut* in Rom tätig. Anschließend nahm er eine Lehrerstelle am Gymnasium in Waren an. 1877 wurde er auf den Direktorenposten der *Großherzoglichen Kunstsammlungen* in Schwerin berufen. Für seine Leistungen wurde er mehrmals ausgezeichnet, unter anderem wurde ihm 1891 der Professorentitel verliehen. Mit Schliemann unterhielt er von 1873 bis zu dessen Tod einen sehr freundschaftlichen Briefwechsel. Schlie verhalf Schliemanns Ausgrabungen zu großer Publizität im Deutschen Reich, indem er in Tages- und Wochenzeitungen über seinen Landsmann und dessen Erfolge berichtete. Er schrieb unter anderem für die *Mecklenburgische Zeitung*, die *Allgemeine Zeitung* (Augsburg), für die Wochenschrift *Im neuen Reich* und das damals viel gelesene Familienblatt *Gartenlaube*. Schlie war Initiator des 1895 in Schwerin errichteten Schliemann-Denkmals; er starb 1902.

Selbst in England wurde Schliemanns System diskutiert. In der *Illustrated London News*, einer wöchentlich in London erscheinenden illustrierten Zeitschrift, konnte man am 10. Juli 1886 mit einem Verweis auf Schliemann lesen, dass es sinnvoller sei, zuerst Neugriechisch und erst danach Altgriechisch zu lernen. Und aus dem Jahr 1889 ist uns ein Brief des Buchhändlers Paul Spindler aus Stuttgart an Schliemann überliefert (BW Meyer II, 311 ff.), in der er den Ausgräber um Unterstützung bei der Herausgabe eines Lehrbuches zur englischen Sprache bittet, dem die Schliemann'sche Methode zugrunde liegen sollte. Wie Schliemann darauf reagierte, wissen wir nicht. Es ist aber bekannt, dass Spindler seine Idee in die Tat umsetzte: 1891 erschien sein Lehrbuch der englischen Sprache unter dem Titel *Methode Schliemann zur Selbsterlernung der englischen Sprache*. Es muss einigen Erfolg gehabt haben, denn es kam bereits 1910 in einer vierten Auflage heraus und fand Nachahmer für weitere Sprachen. Darüber hinaus forderte Spindler in deutschen Zeitungen und Zeitschriften verschiedentlich die Einführung der – aus unserer heutigen Sicht – eher ungewöhnlichen Methode in den Schulunterricht. In einem Beitrag vom 3. Januar 1891 in der *Deutschen Warte* schrieb er: »Schliemann lernte Griechisch, indem er den Homer las. Was die Einzelnen gekonnt, das ist auch auf den Massenunterricht, das ist auf den Schulunterricht anwendbar«. Auch das *Berliner Tageblatt*, damals eine der bedeutendsten Tageszeitungen der Hauptstadt, verwies vor dem Hintergrund der geplanten Schulreform auf Schliemann (1. Januar 1891). Und am 18. April 1891 war in der *Mecklenburgischen Zeitung* zu lesen, Schliemanns Methode, Sprachen zu lernen, sei »ohne Zweifel die natürlichste und richtigste«.

Schliemanns Sprachbegabung war nicht nur der Schlüssel zu seinem kaufmännischen Erfolg, sie erleichterte ihm zu Beginn seiner archäologischen Karriere auch die Kontaktaufnahme zu zahlreichen Gelehrten in aller Welt. Problemlos führte er seine Korrespondenz etwa mit dem britischen Assyriologen und Sprachforscher Archibald Sayce (1845 – 1933) auf Englisch, mit dem Direktor der *École française d'Athènes* Émile Burnouf (1821 – 1907) auf Französisch und mit dem Archäologen Giuseppe Fiorelli (1823 – 1896) auf Italienisch. Über die Ergebnisse seiner Forschungen vermochte er auf Tagungen und Kongressen in der jeweiligen Landessprache zu referieren und in der ausländischen Presse zu publizieren. Nicht zuletzt aufgrund seiner Sprachkenntnisse erreichte der archäologische Laie Schliemann internationale Aufmerksamkeit. Während er von deutschen Gelehrten anfangs ob seiner recht eigentümlichen Deutungen von Troia und Mykene belächelt wurde, feierte man ihn zu dieser Zeit in England, wo er und seine Ergebnisse höchste Anerkennung genossen, wie einen Helden (→ Kap. 5).

Literatur

K. Borchardt, Globalisierung in historischer Perspektive. Bayerische Akademie der Wissenschaften, Philosophisch-historische Klasse, Sitzungsberichte 2001, H. 2 (München 2001).

E. Carvalho, Schliemann in Asia 1865 / 65. In: J. Herrmann (Hrsg.), Heinrich Schliemann. Grundlagen und Ergebnisse moderner Archäologie 100 Jahre nach Schliemanns Tod (Berlin 1992) 29 – 35.

T. Mühlenbruch, Heinrich Schliemann. Ein Itinerar. Kleine Schriften aus dem Vorgeschichtlichen Seminar Marburg 58 (Marburg 2010²).

P. Keyser, The Composition of »La Chine et le Japon«. An Introduction to Tendentious Editing. In: W. M. Calder III / J. Cobet (Hrsg.), Heinrich Schliemann nach hundert Jahren (Frankfurt a. M. 1990) 225 – 236.

4

Der Archäologe

Mit der zunehmenden Hinwendung zu den sogenannten ›vaterländischen Altertümern‹ begann sich die Ur- und Frühgeschichtliche Archäologie während des 19. Jahrhunderts mehr und mehr im akademischen Umfeld zu etablieren. Der sicherlich wichtigste Schritt dazu war die Entwicklung des ›Dreiperiodensystems‹. Es gilt als erste methodisch begründete Systematisierung der Altertümer der ›heidnischen Vorzeit‹ und wird zu Recht mit dem Namen des dänischen Gelehrten Christian Jürgensen Thomsen (1788–1865) in Verbindung gebracht. Seine in den zwanziger Jahren des 19. Jahrhunderts vorgenommene chronologische Einteilung in eine Stein-, Bronze- und Eisenzeit war grundlegend für die weitere Entwicklung der Ur- und Frühgeschichtswissenschaft – zum ersten Mal wurden die materiellen Quellen nicht nur als Beiwerk und Bestätigung antiker Schriftquellen betrachtet, sondern als »historische Quellen *sui generis*« erkannt (Eggert 2012, 38).

> Die Ur- und Frühgeschichtliche oder auch Prähistorische Archäologie ist eine historische Wissenschaft. Sie unterscheidet sich von anderen archäologischen Fächern wie z.B. der Klassischen Archäologie (→ S. 74) und der Vorderasiatischen Archäologie durch die fehlende geographische Begrenzung. Ihr Arbeitsgebiet ist die gesamte, in ur- und frühgeschichtlicher Zeit von Menschen bewohnte Erde. Sie wird also nicht durch einen bestimmten kulturell – und damit auch chronologisch – umschriebenen Gegenstand definiert. Der urgeschichtliche Abschnitt, und damit die Zeit vom Paläolithikum (ca. 800 000 v. Chr.) bis etwa zum Beginn der Vorrömischen Eisenzeit (ca. 750 v. Chr.), bietet ausschließlich nicht-schriftliche, materielle Zeugnisse. Für den frühgeschichtlichen Teil der Ur- und Frühgeschichte, die Zeit ab ca. 750 v. Chr bis etwa 800 n. Chr., lassen sich ergänzend Schriftzeugnisse hinzuziehen. Führt man sich die lange Geschichte der Menschheit vor Augen, so sind etwa 99,5 % davon nur über materielle Hinterlassenschaften erschließbar.

Großen Einfluss auf die Entwicklung der Prähistorischen Archäologie in Deutschland hatte vor allem Rudolf Virchow. Durch ihn erhielt die noch junge Forschungsrichtung eine stark naturwissenschaftliche Ausrichtung, die sich übrigens auch in der Zusammenarbeit mit Schliemann in Troia im Jahr 1879 zeigte. Schliemanns Ausgrabungen und Entdeckungen in Kleinasien und Griechenland sowie in Italien und Sizilien (Abb. 5) fallen in eine Zeit, in der sich die junge Wissenschaft, die sich deutlich von der philologisch-kunsthistorisch geprägten Klassischen Archäologie abhob, gerade erst herausbildete. Auf allen Gebieten – sei es die Chronologie, die Klassifikation oder das Ausgrabungswesen – gab es große Wissenslücken.

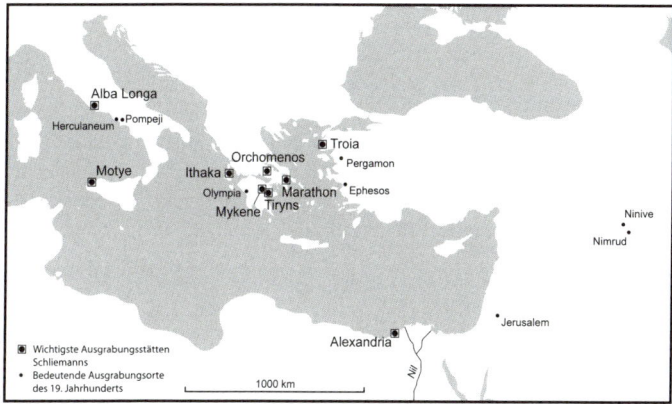

Abb. 5: Wichtigste Ausgrabungsorte Schliemanns.

Die Suche nach Troia

Die Suche nach dem mythischen Troia begann bereits in der Antike. Schon in archaischer Zeit (ca. 700 – 500 v. Chr.) glaubte man, mit dem Hügel Hisarlık den Schauplatz des Troianischen Krieges gefunden zu haben, und errichtete dort verschiedene Tempelbauten. In hellenistischer Zeit (336 – 30 v. Chr.) blühte der Ort auf und avancierte zu einem religiösen und politischen Zentrum. Die Stätte war jetzt unter dem Namen ›Ilion‹ bekannt. Eine erneute Aufwertung erhielt der Platz – mittlerweile zu einer Stadt expandiert – durch die Römer. Die Rückbesinnung der römischen Kaiser auf das sagenhafte Troia diente der politischen Legitimation. Der Ort übernahm also identitätsstiftende Aufgaben, da sich die jeweiligen Herrscher in die Tradition der von Homer beschriebenen Helden stellten.

Das Ende von Ilion / Ilium kam etwa um 500 n. Chr. Nach einer Reihe von Erdbeben und schweren Zerstörungen wurde die Akropolis nicht wieder besiedelt. In byzantinischer Zeit kam es zwar zu einer erneuten, wenn auch nur sporadischen, Besiedlung, sie kam jedoch bereits im 14. Jahrhundert wieder zum Erliegen. Die Ruinen gerieten danach über Jahrhunderte in Vergessenheit.

Erst im 18. Jahrhundert, mit dem Neuhumanismus und der einsetzenden philologischen Homerforschung, begann die Suche nach dem antiken Troia erneut. Eine französische Expedition von Landvermessern, Antiquaren und Zeichnern hatte zum Ziel, eine kartographische Aufnahme der Nordostägäis zu erstellen; dabei wurde auch die Troas vermessen. Anhand seiner Beobachtungen kam der Expeditionsteilnehmer Jean Baptiste LeChevalier (1752–1836) in seinem 1792 veröffentlichten Buch *Beschreibung der Ebene von Troja* zu der Auffassung, der Ballıdağ bei Pınarbaşi (Abb. 6) sei mit dem homerischen Troia gleichzusetzen. Diese These herrschte in der Diskussion lange Zeit vor, und es gab durchaus mehrere, vor allem topographische, Indizien für ihre Rich-

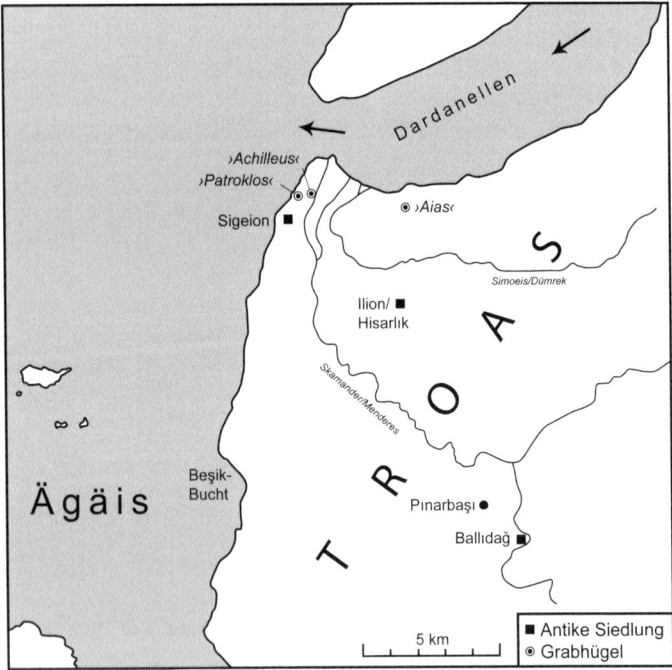

Abb. 6: Lage von Hisarlık und Ballıdağ in der Troas.

tigkeit: deutliche Siedlungsspuren auf dem Hügel, Hinweise auf eine Unterstadt, zwei Flüsse, diverse sichtbare Grabhügel in der Nähe sowie mehrere Quellen. Diese Angaben, so schien es, stimmten mit den Schilderungen Homers überein. Etwa zwanzig Jahre später kam der Schotte Charles MacLaren (1782–1868) allerdings zu einer anderen Überzeugung. Er erkannte, dass LeChevalier sich hinsichtlich der Zuordnung der Flüsse – wovon er einen für den Skamander hielt – geirrt haben musste und der Ballıdağ unmöglich das antike Troia sein konnte. Auf einen anderen Ort trafen die homerischen Beschreibungen ebenfalls und seiner Meinung nach besser zu: den Hügel Hisarlık an den Dardanellen.

Entscheiden sollte sich die Identifizierung dann nach der Mitte des 19. Jahrhunderts. Hervorzuheben sind hier die Aktivitäten von Frank Calvert, Spross einer in der Troas ansässigen und mit diplomatischen Diensten betrauten britischen Familie mit reichlich Landbesitz.

Der Brite Frank Calvert, zunächst britischer und ab 1874 amerikanischer Konsul an den Dardanellen, wurde 1828 auf Malta geboren und kam mit 16 Jahren in die Troas, wo bereits zwei seiner Brüder lebten. Schon früh interessierte er sich für die Geschichte, Archäologie und Topographie sowie für die Geologie und Botanik der troianischen Landschaft. Er war zur Zeit Schliemanns einer der besten Kenner der Troas. Er war es auch, der Schliemann im August 1868 auf den Hügel Hisarlık hinwies, den er für das antike Troia hielt. Da Calvert selbst nicht die finanziellen Möglichkeiten hatte, auf dem Hügel zu graben – von dem ihm die östliche Hälfte gehörte –, riet er dem reichen Kaufmann, dort Ausgrabungen vorzunehmen. War das Verhältnis der beiden anfangs vorurteilsfrei – Calvert beantwortete geduldig und ausführlich zahlreiche von Schliemanns Fragen hinsichtlich der Vorbereitung einer Ausgrabung –, kam es 1873 zu Spannungen und einer öffentlichen Auseinandersetzung. Schliemann spielte die Bedeutung Calverts für die Entdeckung Troias herunter und nahm dessen Einwände gegen gewisse vorschnelle Deutungen persönlich. In seiner typischen Art bezeichnete er den Briten als Lügner und Schmähschreiber. Trotz dieser Differenzen arbeiteten beide weiterhin zusammen, wie Calverts Beitrag zum *Ilios*-Werk oder seine Hinzuziehung als Experte während der Zweiten Troiakonferenz 1890 zeigen.

Calvert starb im Jahr 1908. In der Forschung waren seine Verdienste, die von Schliemanns Entdeckungen und dessen Selbstdarstellung überdeckt wurden, lange Zeit weitgehend vergessen. Erst seit den neunziger Jahren des 20. Jahrhunderts wird Calvert die ihm angemessene Anerkennung für die Entdeckung Troias und auch die Erforschung der Troas zuteil.

Calvert unternahm schon früh topographische Erkundungen und führte an mehreren Orten der Troas Ausgrabungen durch. Anhand der 1864 auf dem Ballıdağ vorgenommenen Grabung des Österreichers Johann

Georg von Hahn (1811–1869) und seiner eigenen, ein Jahr später auf dem Hügel Hisarlık durchgeführten Untersuchung kam er zu dem Ergebnis, dass das homerische Troia unmöglich auf dem Ballıdağ gelegen haben könne. Aufgrund aussagekräftigerer Funde hielt er eine Identifikation des antiken Troia mit dem Hügel Hisarlık für wahrscheinlicher. Von diesen Kenntnissen profitierte letztlich Heinrich Schliemann, der 1868 bekanntlich in der Troas weilte und damals ebenfalls Probegrabungen auf dem Ballıdağ durchführte. Calvert lenkte sein Interesse auf Hisarlık, wo er daraufhin Grabungen aufnahm.

Schliemanns Grabungen auf Hisarlık

Insgesamt führte Schliemann am Ruinenhügel Hisarlık mehrere archäologische Ausgrabungen durch: Er arbeitete dort von 1870 bis 1873, 1878 und 1879 sowie 1882 und 1889 / 1890 zusammen mit Wilhelm Dörpfeld. Die ersten Ausgrabungen im April 1870 waren illegal, da Schliemann die dazu nötige Erlaubnis der osmanischen Regierung, ein *Ferman*, fehlte. Schon nach diesen nur zehn Tage umfassenden Probegrabungen war er sich allerdings sicher, das Troia Homers gefunden zu haben. In seinem ersten Bericht, abgedruckt in der *AAZ* am 24. Mai 1870 (Beil.), lesen wir, dass er nicht nur »das Pergamus des Priamus entdeckt, sondern auch einen Theil davon bloßgelegt habe«. Zu diesem Zeitpunkt war er jedoch noch gar nicht bis in jene Schichten vorgedrungen, die in der Regel mit dem Troianischen Krieg (13. / 12. Jh. v. Chr.) verbunden werden. In seinem zweiten Bericht an die *AAZ* vom 2. November 1871 (Beil.), der nahezu identisch auch in seinem Buch *Trojanische Alterthümer* abgedruckt ist, wird dies deutlich; dort schreibt er: »Ich arbeite mit großer Energie und scheue keine Kosten, um womöglich noch vor den Winterregen, die jeden Augenblick eintreten können, auf den Urboden zu kommen, und somit endlich das große Rätsel zu lösen ob, wie ich gerade bestimmt glaube, der Berg Hissarlik die Burg von Troja ist« (TA, 37).

Um sich einen besseren Einblick in den Aufbau des Siedlungshügels zu verschaffen, ließ Schliemann 1871 einen von Nord nach Süd gehenden mächtigen Graben anlegen, der heute unter der Bezeichnung ›Schliemanngraben‹ bekannt ist (Abb. 7). Aus heutiger Sicht gilt dieser Einschnitt in den Siedlungshügel als Sakrileg, vernichtete er doch für immer alle Siedlungsschichten in diesem Areal, ohne sie vorher dokumentiert zu haben. Für Schliemann brachte dieser brutale Eingriff in den Tell – eine Vorgehensweise, die damals auch an anderen Ausgrabungsstätten praktiziert wurde – jedoch Klarheit in die Siedlungsstruktur.

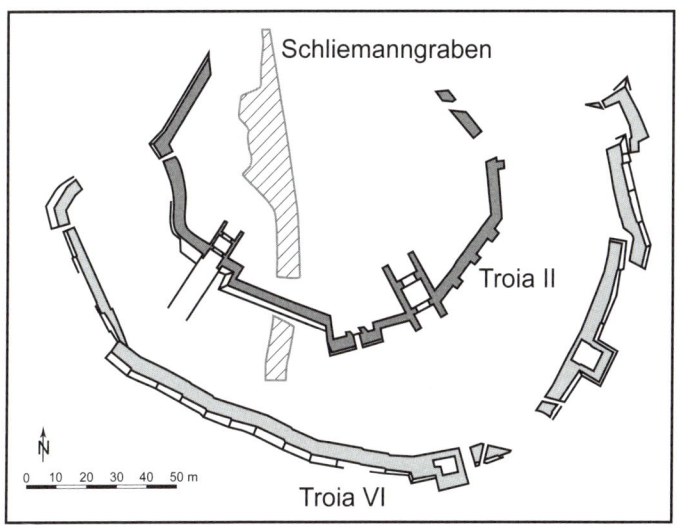

Abb. 7: Ausdehnung des Schliemanngrabens sowie Burg von Troia II und Troia VI.

Wenig zimperlich ging es auch bei den Ausgrabungen in Pergamon zu. Carl Humann (1839 – 1896), Bauingenieur und seit den sechziger Jahren des 19. Jahrhunderts für die osmanische Regierung beim Straßen- und Eisenbahnbau tätig, hatte im Jahr 1871 eine deutsche Delegation, unter der sich auch der Altertumswissenschaftler Ernst Curtius befand, auf den Burgberg von Bergama – nahe der kleinasiatischen Küste – geführt. Das Interesse an der antiken Stätte erwachte in Deutschland allerdings erst 1877, als Alexander Conze (→ Kap. 6) Direktor der *Berliner Antikensammlung* wurde. Ihm fielen die von Humann in Pergamon – so der antike Name der Stadt – geborgenen und nach Berlin gesandten Relieffragmente ins Auge. Er nahm Kontakt mit Humann auf und kümmerte sich bei der Regierung um die notwendigen finanziellen Mittel für eine Ausgrabung. Am 9. September 1878 begannen unter Humann die von der *Berliner Antikensammlung* finanzierten Ausgrabungen in Pergamon, die bis 1886 dauerten und den berühmten Pergamonaltar sowie einen Großteil der Akropolis von Pergamon freilegten. Humann – wie Schliemann auf archäologischem Gebiet Dilettant – räumte bei seinen Grabungen die spätantiken, byzantinischen und arabischen Bauten ebenfalls ohne Dokumentation weg und zerstörte sie damit für immer.

In der Anfangszeit seiner Untersuchungen vermutete Schliemann das von Homer beschriebene Troia auf dem »Urboden« und somit in der untersten Schicht des Hügels. Recht bald wurde ihm aber klar, dass die unterste Siedlungsschicht mit der von Homer beschriebenen Stadt nicht viel gemein hatte. Er kam zu dem Schluss, die »zweite Ansiedlung«, wie er sie nannte, müsse Troia sein. Dafür sprachen architektonische Neuerungen – eine mächtige Mauer mit Türmen sowie mehrere große Megarongebäude – und selbstverständlich das von ihm entdeckte ›Skäische Tor‹, das ›Haus des Priamos‹ und der von ihm 1873 gefundene ›Schatz des Priamos‹ (→ Kap. 2). Vor allem Letzterer war seiner Meinung nach der schlagende Beweis für die Historizität des Homerischen Epos und damit Troias. Zudem lieferte die zweite Schicht Hinweise auf eine Feuersbrunst.

Zwar hielt Schliemann bis zu seinem Tod daran fest, Troia II sei das von Agamemnon, Odysseus und Achill zerstörte Troia. Es ist aber nicht auszuschließen, dass ihn diesbezüglich im Jahr 1890 Zweifel beschlichen. Denn die Ergebnisse der Ausgrabungen jenes Jahres deuteten darauf hin, dass die Schicht Troia VI besser mit den bei Homer geschilderten Ereignissen übereinstimmte. Dazu gehörte etwa die in dieser Siedlungsschicht gefundene mykenische Keramik, die in der frühbronzezeitlichen Schicht Troia II nicht vorkam. Denn wenn die Mykener Troia besiegt und zerstört haben sollten – wie in der Sage überliefert –, so müssten sich die mykenischen Überreste in der Schicht befinden, in deren Entstehungszeit der Troianische Krieg stattgefunden haben könnte (Abb. 8).

Es war schließlich an Schliemanns Mitarbeiter Wilhelm Dörpfeld, der 1893 und 1894 nochmals in Troia grub, den entscheidenden Schluss zu ziehen. Er kam zu der Erkenntnis, dass Troia VI die Stadt des Königs Priamos gewesen sein müsse und der Troianische Krieg am Ende dieser Besiedlungsphase stattgefunden habe.

Wilhelm Dörpfeld war rund eine Generation jünger als Heinrich Schliemann; er wurde 1853 in Wuppertal-Barmen geboren. Er studierte in Berlin Architektur und kam 1877 über die Grabungen von Ernst Curtius in Olympia zur Archäologie. Dort war er als bauwissenschaftlicher Mitarbeiter tätig, bis Schliemann ihn 1882 für seine Ausgrabungen in Troia abwarb. In der Folge arbeiteten die beiden in Troia, Orchomenos und Tiryns zusammen. Dörpfeld führte die Grabungen in Troia nach Schliemanns Tod in den Jahren 1893 und 1894 fort und teilte den Siedlungshügel erstmals in neun Schichten ein. Seine Berufung durch Schliemann wurde in der Forschung schon recht früh als Glücksfall gewertet. So schrieb der Archäologe Carl Schuchhardt

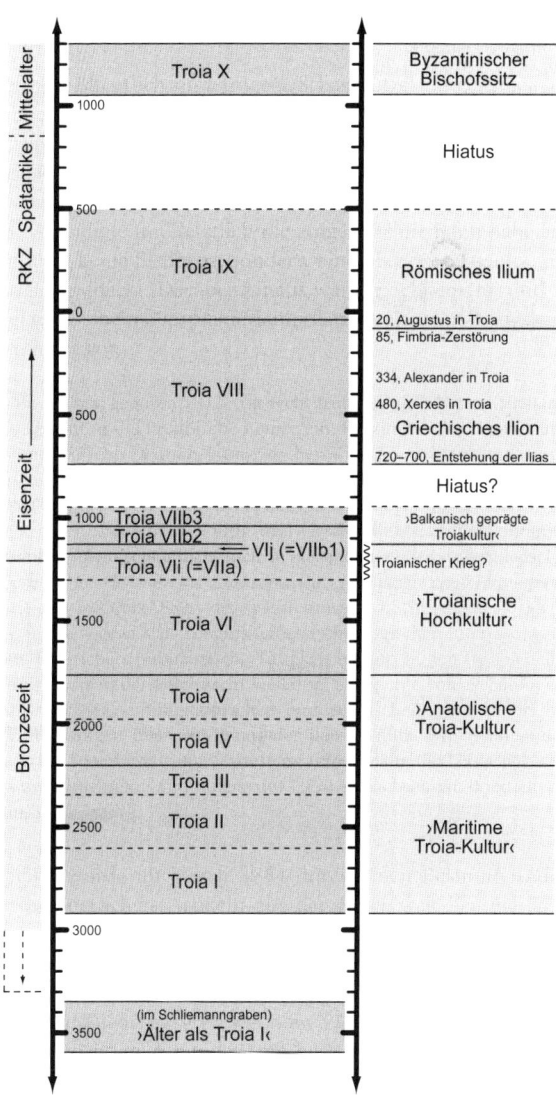

Abb. 8: Siedlungsschichten von Troia.

(1859–1943) über die Bedeutung Dörpfelds für die Ausgrabungen in Troia: »Nun wurde es auch Licht auf der Burg des Priamos« (Schuchhardt 1891, 48). Gewiss hat der junge Architekt ›Licht‹ in die schwierige Stratigraphie des Siedlungshügels gebracht; es wäre aber falsch zu behaupten, erst mit Dörpfeld habe man in Troia mit Schichtgrabungen begonnen. Schliemann hatte schon lange zuvor erkannt, wie wichtig eine klare Stratigraphie war.

Dörpfeld wurde 1886 Zweiter Sekretär des *Deutschen Archäologischen Institutes* in Athen und stand diesem Institut von 1887–1912 dann als Leiter vor. Während dieser Zeit unternahm er unter anderem Ausgrabungen auf den Inseln Leukas und Korfu sowie in Olympia und zusammen mit Alexander Conze in Pergamon. Zwischen 1921 und 1924 hielt er als Honorarprofessor in Jena Vorlesungen. Dörpfeld starb hochbetagt 1940 auf Leukas.

Schliemanns Helfer und Kritiker

Wilhelm Dörpfeld war nicht der Einzige, der Schliemann bei seinen Ausgrabungen, sei es in Troia oder an anderen Plätzen, zur Seite stand. Von Beginn seiner archäologischen Tätigkeit an nahm der archäologische Pionier Kontakt zu verschiedenen Wissenschaftlern auf. Er war sich dessen bewusst, dass er es innerhalb der Zunft als Laie schwer haben würde, zumal das Forschungsobjekt ›Troia‹ seit alters her ein heißes Eisen war. Schliemann war daher darauf bedacht, sich Expertisen bzw. Rat bei damals angesehenen Wissenschaftlern einzuholen, um damit seinen Deutungen mehr Gewicht zu verleihen.

Ernst Curtius, einen zu jener Zeit hochgeschätzten Altertumswissenschaftler, kontaktierte Schliemann bereits zu Beginn des Jahres 1872.

Ernst Curtius (1814–1896) kam wie die meisten seiner Zeitgenossen über die Klassische Altertumswissenschaft zur Archäologie. 1844 zum Hauslehrer des späteren Kaisers Friedrich III. bestellt, wurde er 1856 Professor für Klassische Philologie und Archäologie in Göttingen, 1868 übernahm er die Professur für Archäologie in Berlin und wurde Direktor des *Alten Museums*. Curtius warb erstmals 1852 für die Durchführung von Ausgrabungen im griechischen Heiligtum in Olympia, die dann allerdings erst im Oktober 1875 begannen. Zusammen mit dem Architekten Friedrich Adler (1827–1908) leitete er die vom Deutschen Reich finanzierten Grabungen bis 1881. Schliemanns Verhältnis zu Curtius kann als gespannt bezeichnet werden – Zeit seines Lebens war er der Meinung, dass Curtius zu den Autoren der Spottartikel im Berliner Witzblatt *Kladderdatsch* gehörte. Ein Zeitgenosse, der spätere Reichskanzler Bernhard von Bülow (1849–1929), beschrieb die Beziehung der beiden in seinen Memoiren rückblickend folgendermaßen: »Es schmerzte mich, daß ein deutscher Gelehrter von Bedeutung und Ruf wie Curtius aus einem vielleicht

etwas naiven aber von heiligem Eifer für die Wissenschaft und von feuri-
ger Begeisterung für die Antike erfüllten deutschen Idealisten wie Heinrich
Schliemann einen Pfuscher und Schwindler machen wollte. Man brauchte
kein Diplomat zu sein, um zu merken, daß aus jedem seiner Worte Eifersucht
gegen den erfolgreichen Konkurrenten auf dem Felde der Ausgrabungen
sprach« (von Bülow 1931, 424). Auch wenn das Verhältnis zwischen Curtius
und Schliemann alles andere als gut war, so ist dem berühmten Klassischen
Archäologen zugutezuhalten, dass er in seiner Festrede auf der Trauerfeier für
Schliemann im März 1891 über seinen Schatten sprang und den Landsmann
für seine Verdienste um die deutsche Archäologie lobte.

Zwar signalisierte Curtius anfangs sein Interesse an Schliemanns Ausgrabungsergebnissen – er ermutigte ihn, seine Beiträge an die von ihm
mitherausgegebene *Archäologische Zeitung* zu senden –, letztlich wurde
aber bis auf eine Ausnahme keiner der Schliemann'schen Berichte in die
renommierte Zeitschrift aufgenommen. Das verwundert nicht weiter.
Denn im Jahr 1871 war der spätere Olympia-Ausgräber zusammen mit
anderen deutschen Gelehrten in die Troas gereist und hatte sich – nach
Besichtigung sowohl des Ballıdağ als auch Hisarlıks – für den Ballıdağ als
Platz des antiken Troia ausgesprochen. Curtius' Interesse blitzte lediglich
auf, als Schliemann ihm von der sogenannten ›Heliosmetope‹ berichtete
(Abb. 9). Diese Metope, die den griechischen Sonnengott Helios mit seinem Viergespann zeigt, gehörte zu einem Triglyphenfries des aus helle-
nistischer Zeit stammenden Athenatempels – einem der wenigen Tempel
mit dorischer Ordnung in Kleinasien. Schliemann fand sie während der
Kampagne des Jahres 1872; sie war zu jenem Zeitpunkt der bedeutendste
Fund des Ausgräbers.

Weniger ablehnend als Curtius reagierte der in England leh-
rende deutsche Sprachforscher
Max Müller (1823–1900). Zu ihm
nahm Schliemann im Herbst 1873
das erste Mal Kontakt auf. Müller
hatte sich in der Londoner *Pall
Mall Gazette* vom 2. Oktober 1873
gegen die allzu vorschnellen Bezeichnungen Schliemanns – etwa
›Schatz des Priamos‹ – ausgesprochen; darüber hinaus sah er in
der Entdeckung des Schatzfundes
keinen Beweis für die Richtigkeit

Abb. 9: Heliosmetope.

der von Homer in der *Ilias* beschriebenen Ereignisse: »The discovery of Priam's treasure or of the walls of ancient Ilion proves no more the historical character of Priamos or Achilles«. Diese Kritik konnte Schliemann nicht auf sich sitzen lassen, und er schrieb daraufhin Müller einen langen Brief. In den folgenden Jahren entwickelte sich ein steter Briefwechsel, aus dem deutlich wird, dass Müller seine Meinung änderte; außerdem unterstützte er den Ausgräber, indem er für ihn den Weg zur Londoner *Times* bahnte. 1876 schrieb er an Schliemann: »If you have anything new to tell me about Troy I think you ought to publish in the Times or the Academy. I am a kind of franctireur for both papers, and quite at your service, though letters addressed by you to the Times or the Academy would no doubt be gratefully accepted« (BW Meyer II, 45 f.). Schliemanns Mykene-Berichte an die *Times*, die Müller im Vorfeld redigierte, fanden tatsächlich Aufnahme in die weltweit angesehene englische Tageszeitung.

Die wissenschaftliche Anerkennung Schliemanns und seiner Ergebnisse war in erster Linie von seinen Unterstützern abhängig. Während er in England recht schnell Ansehen erlangte – neben Müller unterstützten ihn auch der Assyriologe Archibald Henry Sayce (1845 – 1933), der nach England ausgewanderte deutsche Publizist Karl Blind (1826 – 1907) sowie der britische Premier und Homerforscher William Gladstone (→ Kap. 5) –, blieb ihm in seinem Heimatland das Lob der Gelehrten lange versagt. Erst durch seine Freundschaft mit Rudolf Virchow begann sich die Situation in Deutschland für Schliemann zu bessern.

Virchow spielte aber auch in anderer Hinsicht eine zentrale Rolle für Schliemann und seine Forschungen. Der Naturwissenschaftler nahm 1879 – zusammen mit dem französischen Orientalisten und Schliemann-Freund Émile Burnouf (1821 – 1907) – an den Ausgrabungen in Troia teil und schärfte Schliemanns bereits vorhandenen Blick für stratigraphische Belange und für die Bedeutung der Keramik für die Datierung der Siedlungsschichten. Außerdem unternahmen sie Ausflüge in die Troas und erweiterten die Untersuchung gleichsam im Sinne einer modernen siedlungsarchäologischen Analyse, die nicht nur die Topographie, Geologie, Fauna und Flora, sondern auch andere archäologische Fundstellen berücksichtigte. 1879 wurden überdies verschiedene in der Ebene von Troia sichtbare Grabhügel, in denen die Überlieferung einige der im Troianischen Krieg getöteten Helden vermutete, archäologisch untersucht. Schliemann berichtete über diese ›Heldengräber‹ ausführlich in seinem Buch *Ilios*.

Das 1881 erschienene Werk *Ilios* gehört gewiss zu seinen bedeutendsten Büchern. Es fasst nicht nur die bis dahin erzielten Ergebnisse seiner

Ausgrabungen in Troia zusammen, sondern vereint auch grundlegende Aufsätze seiner »gelehrten Freunde« (Ilios, VII). Neben Virchow waren auch Burnouf, Müller, Sayce und Calvert mit Beiträgen in dem Buch vertreten. Virchow, der die Vorrede zur deutschen Ausgabe übernommen hatte, hob darin Schliemanns Metamorphose vom »Schatzgräber« zum »gelehrten Mann« hervor, »der seine Erfahrungen in langem und ernstem Studium mit den Aufzeichnungen der Historiker und Geographen, mit den sagenhaften Ueberlieferungen der Dichter und Mythologien verglichen hat« (Ilios, XIX) – eine hohe Auszeichnung von einem der führenden Vertreter der jungen deutschen Ur- und Frühgeschichtswissenschaft.

Troia heute und die gegenwärtige Diskussion

Die Forschungen auf dem Hügel Hisarlık sind bis heute nicht abgeschlossen. Nach Schliemanns und Dörpfelds Untersuchungen im 19. Jahrhundert war es zunächst der Amerikaner Carl W. Blegen (1887–1971), der in der Zeit von 1932 bis 1938 mehrere Kampagnen in Troia leitete. Seine Ausgrabungen führten zu einer verbesserten und detaillierteren Stratifizierung; er unterteilte den von Dörpfeld in neun Schichten gegliederten Hügel in 46 Bauphasen und schuf damit die Basis für eine genauere Datierung der Befunde und Funde. Er war es auch, der die Schicht Troia VIIa mit dem bei Homer beschriebenen Troia verknüpfte – eine Gleichsetzung, die von vielen Forschern noch heute geteilt wird.

Fünfzig Jahre nach Blegens letzter Ausgrabung geriet Troia abermals in das Zentrum des Interesses archäologischer Forschung. Unter der Leitung des 2005 verstorbenen Tübinger Prähistorikers Manfred Korfmann nahm ein international und interdisziplinär besetztes Team seine Arbeit am Ruinenhügel auf. Diese Arbeiten dauern bis heute an, nun unter Federführung des Tübinger Archäometallurgen Ernst Pernicka.

Korfmann und sein Team haben seit Aufnahme der Grabungen im Jahr 1988 stets betont, dass es ihnen – im Gegensatz zu ihren Vorgängern Schliemann, Dörpfeld und Blegen – nie darum gegangen sei, die Historizität des Homerischen Epos zu beweisen. Dennoch hat man immer wieder den Eindruck, als seien auch die modernen Ausgräber dem Sog der literarischen Quelle erlegen. Sie wird letztlich immer noch über den archäologischen Befund gestellt und beeinflusst damit massiv die Deutung der archäologischen Quellen.

Im Jahr 2001 kam es – auch aus dem gerade genannten Grund – zu einer bis heute andauernden Auseinandersetzung um die Deutung und

Bedeutung des spätbronzezeitlichen Troia (Troia VI / VIIa bzw. nach neuer Terminologie Troia VIi). Es ist hier nicht der Raum, die Diskussion in aller Ausführlichkeit nachzuzeichnen. Die Debatte soll dennoch kursorisch vorgestellt werden, weil vieles von dem, was im sogenannten ›Neuen Kampf um Troia‹ diskutiert wird, seit den Grabungen Schliemanns auf Hisarlık und dessen Gleichsetzung der Ruine mit Troia kritisch erörtert wurde.

Ausgelöst hatte den Streit der Tübinger Althistoriker Frank Kolb, der die Deutung Troias in der 2001 an verschiedenen Orten präsentierten Ausstellung »Troia – Traum und Wirklichkeit« kritisierte (→ Kap. 6). Die von ihm geäußerte Kritik richtete sich in erster Linie gegen die Darstellung von Troia VI / VIIa, also der Zeit zwischen ca. 1700 und 1200 v. Chr., mit der üblicherweise die homerischen Schilderungen Troias und auch der Troianische Krieg (am Ende von Troia VIIa bzw. VIi?) in Verbindung gebracht werden. Er warf dem damaligen Troia-Ausgräber Korfmann vor, er verdrehe die Fakten, wenn er der Öffentlichkeit das spätbronzezeitliche Troia als Burg mit dicht bebauter Unterstadtsiedlung und als prosperierende ›Handelsmetropole‹ zeige, die in einer Art ägäischem ›Hansebund‹ integriert gewesen sei. Trotz unzureichender Fund- und Befundsituation habe man Troia als 5000–10 000 Menschen fassende Stadt mit weitreichendem Güterverkehr beschrieben. Darüber hinaus versuche das Troia-Projekt krampfhaft, die Grabungsergebnisse mit den Darstellungen Homers in Einklang zu bringen, um damit die Historizität der *Ilias* zu beweisen. Nebenbei wurden auch Korfmanns Äußerungen, man könne in Troia die Wurzeln der europäischen Kultur fassen, angeprangert. Dem Ausgräber wurde vorgehalten, er missbrauche den archäologischen Ort für politische Zwecke, um damit der Türkei den Eintritt in die Europäische Union zu erleichtern. Schließlich lag ein weiterer Kritikpunkt in der Gleichsetzung des in hethitischen Schriftquellen erwähnten Ortes Wilusa mit dem von Homer benutzten Namen Troia / Ilios.

Fasst man diese Aspekte zusammen, kristallisieren sich letztlich zwei grundsätzliche Fragen heraus: Kann die Archäologie literarischen Texten zu historischer Aussagekraft verhelfen? Und: Wie hoch ist das erkenntnistheoretische Potenzial archäologischer Forschung generell? Zu beiden hat das Troia-Projekt bis heute leider keine Antwort vorgelegt. Es hat außerdem über all die Jahre versäumt, sich mit zentralen Begriffen und Konzepten wie z. B. ›Stadt‹ und ›Handel‹ eingehend zu beschäftigen und diese zu reflektieren. Diese Termini müssen zuerst konzeptualisiert und kontextualisiert werden, bevor sie auf das spätbronzezeitliche Troia bezogen werden können. Denn was heißt es, wenn wir im Kontext der

Späten Bronzezeit von einer ›Stadt‹ sprechen? Wie hat man sich eine solche vorzustellen? Gibt es zeitgleiche ›Städte‹ in einem ähnlich kulturellen Umfeld, mit denen sich Troia vergleichen ließe?

Auch zur Besiedlungsdichte der Unterstadt Troias lassen sich gegenwärtig nur wenige Aussagen machen. Sicher ist, dass es eine solche Unterstadt gab – ihr Ausmaß und ihre Beschaffenheit können aber nach derzeitigem Forschungsstand allenfalls grob umrissen werden, da bislang nur wenige spätbronzezeitliche Hausgrundrisse archäologisch nachgewiesen werden konnten (Abb. 10).

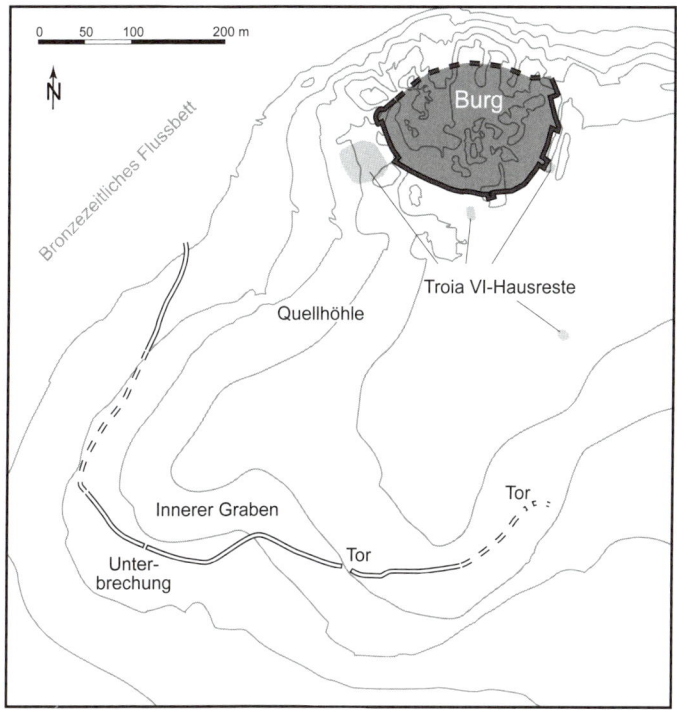

Abb. 10: Burg und vermuteter Umfang der Unterstadt von Troia VIIa bzw. VIi.

Grundsätzlich ist festzuhalten, dass die gesamte Troia-Problematik mit der Frage nach der Geschichtlichkeit des Homerischen Epos und dessen Verquickung mit den archäologischen Quellen zusammenhängt. Das war schon bei Schliemann so und gilt heute gleichermaßen. Dabei ist festzuhalten, dass es sich bei der schriftlichen Überlieferung der *Ilias* gerade nicht um ein Geschichtsbuch, sondern um Heldenepik handelt. Und hier stellt sich in der Tat die Frage, ob es überhaupt einen historischen Kern bzw. mehrere historische Elemente gab, aus denen das Epos entstanden sein könnte.

> Die *Ilias* Homers besteht aus insgesamt 24 Büchern bzw. Gesängen und behandelt lediglich die letzten 51 Tage des insgesamt zehn Jahre dauernden Trojanischen Krieges. Ob Homer alleiniger Autor des Epos war oder ob mehrere Dichter das Werk schufen (sogenannte ›Homerische Frage‹), ist bis heute ungeklärt. Jedenfalls werden die *Ilias* und auch die etwas später entstandene *Odyssee* mit Homer in Verbindung gebracht.
>
> Ausgangspunkt der in Hexametern abgefassten *Ilias* ist die Entführung Helenas, der Frau des spartanischen Königs Menelaos, durch den troianischen Königssohn Paris. Agamemnon, der ältere Bruder des Menelaos und König von Mykene, stellte daraufhin ein Heer auf, das nach Troia zog und die scheinbar uneinnehmbare Burg über zehn Jahre belagerte. Die Kenntnis dieser Geschichte wird vorausgesetzt, da die *Ilias* erst mit dem Raub der Troianerin Chriseïs, einer Tochter des Apollonpriesters Chrises, durch den Achäer Achilleus einsetzt; bei der Aufteilung der Beute wird sie aber allerdings nicht Achilleus, sondern Agamemnon zugesprochen. Da die Achäer bzw. Griechen Chriseïs nicht an ihren Vater zurückgeben wollen, bestraft der Gott Apollon – der das gesamte Epos hindurch den Troianern beisteht – das griechische Lager mit einer neun Tage wütenden Seuche. In den folgenden Gesängen schildert Homer dann die zwischen Griechen und Troianern stattfindenden Schlachten. Am bekanntesten sind sicherlich die Kämpfe des troianischen Prinzen Hektor gegen Patroklos – einen Freund von Achilleus – sowie der daraufhin erfolgende Zweikampf zwischen Achilleus und Hektor, bei dem der troianische Königssohn stirbt. Anschließend schleift der Grieche den toten Troianer mit seinem Streitwagen mehrmals um die Stadt. Die *Ilias* endet im 24. Gesang mit der Bestattung Hektors.

Besonders problematisch ist die Vermischung von schriftlicher und archäologischer Quelle immer dann, wenn es – wie im Falle Troias – zum Zirkelschluss kommt: Einerseits wird den archäologischen Quellen von philologischer Seite eine besondere Aussagekraft im Zusammenhang mit der Historizität des Epos zugestanden, andererseits misst die Archäologie wiederum der Philologie bei ihrer Interpretation der Befunde und Funde eine große Bedeutung bei.

Auch mehr als 140 Jahre nach den ersten Ausgrabungen Heinrich Schliemanns ist die Diskussion um Troia also nicht abgeschlossen – ganz im Gegenteil. Die lange Forschungsgeschichte des Platzes verdeutlicht, dass zwar alte Probleme geblieben, zugleich aber neue

Fragen hinzugekommen sind. Zuletzt wurde in der Fachwelt die These diskutiert, ob Troia nicht in Kilikien – einer Landschaft im Südosten der Türkei – gelegen habe.

Die Troia-Problematik zeigt recht anschaulich, dass der Umgang mit den ›handgreiflichen‹ ur- und frühgeschichtlichen Quellen nie interpretations- und theorieunabhängig ist. Es gibt nicht nur *eine* Geschichte, sondern unterschiedliche Geschichten, die alle auf denselben Quellen beruhen. Oder anders ausgedrückt: Eine bestimmte Quellenlage erlaubt in aller Regel nicht nur eine, sondern verschiedene Interpretationen. Eine abschließende und überzeugende Deutung des berühmten Siedlungshügels an den Dardanellen ist nicht in Sicht – wenn sie denn aufgrund der problematischen Quellenlage überhaupt je möglich sein wird. Insofern war Schliemanns feste Überzeugung, er habe das alte Rätsel um Troia gelöst, mehr Wunsch als Wirklichkeit.

Mykene

Schliemanns Idee, in Mykene – der Burg des sagenhaften Königs Agamemnon – Ausgrabungen durchzuführen, geht auf das Jahr 1873 zurück. Damals hatte er bei der griechischen Regierung einen Antrag gestellt, sowohl in Mykene als auch im Heiligtum von Olympia graben zu dürfen. Beide Ansuchen wurden abgelehnt. Daher nahm der Wahlgrieche 1874 zunächst illegale Versuchsgrabungen in Mykene vor, bei denen er insgesamt 34 Schächte anlegte. Erst 1876 genehmigte die Regierung in Athen Ausgrabungen in Mykene, wobei sie ihm den Archäologen Panagiotes Stamatakis als Aufseher zur Seite stellte.

Die Ausgrabungen im griechischen Heiligtum Olympia sind auf das Engste mit dem Namen Ernst Curtius (→ S. 62 f.) verknüpft. Bereits 1852 hatte er in einem öffentlichen Vortrag in der Berliner *Singakademie* – unter den Zuhörern waren auch der preußische König Wilhelm I. und Kronprinz Friedrich Wilhelm – über »Olympia und die Olympischen Spiele« gesprochen. Finanzielle Schwierigkeiten hatten allerdings dazu geführt, dass die Ausgrabungen erst mehr als zwanzig Jahre später – nämlich im Oktober 1875 – beginnen konnten. Für Curtius und sein Vorhaben erwies sich dabei die Reichsgründung des Jahres 1871 als glücklich, denn sie begünstigte das Olympia-Projekt, und die neue Regierung machte die Ausgrabung zur ›nationalen‹ Aufgabe. Auch Schliemann hatte in der Zwischenzeit ein Auge auf das berühmte Zeusheiligtum geworfen, das bereits im 18. Jahrhundert anhand des Berichtes des griechischen Schriftstellers Pausanias (2. Jh. n. Chr.), der das Heiligtum detail-

liert beschreibt, identifiziert worden war. Der Troia-Ausgräber hatte allerdings gegen den seit langem mit der griechischen Regierung in Verhandlun-
gen stehenden Curtius als Spezialbevollmächtigtem der deutschen Regierung
keine Chance.

Olympia gehörte neben Delphi zu den berühmtesten religiösen Zentren
des griechischen Altertums. Auf der westlichen Peloponnes gelegen, besticht
es noch heute durch seine zahlreichen gut erhaltenen Tempelanlagen sowie
Kult- und Sportstätten. Hervorzuheben sind das Heraion (Heratempel),
der älteste Tempelbau in Olympia aus der Mitte des 7. Jh. v. Chr., sowie der
Zeustempel aus dem 5. Jh. v. Chr. mit dem von dem damals bekannten Bild-
hauer Phidias (5. Jh. v. Chr.) geschaffenen 12 m hohen und mit Gold und
Elfenbein verkleideten Kultbild des Zeus. Olympia erlangte auch durch seine
seit 776 v. Chr. alle vier Jahre ausgerichteten Festspiele – die Olympischen
Spiele – große Berühmtheit. Zahlreiche Sportstätten – Stadion, Palästra,
Gymnasion –, aber auch Funde wie Sprunggewichte und sogenannte *Strigiles*,
Schaber, mit denen sich die Athleten den Schmutz von ihrer Haut abrieben,
belegen die antiken Wettkämpfe.

Die unter Curtius durchgeführte Grabung gilt als erste durch zwischen-
staatliche Verträge vereinbarte Großgrabung – das Deutsche Reich verzichtete darin auf alle Originale, die Funde verblieben dementsprechend in Griechenland.

Schliemann hatte auch in Mykene Erfolg. Er vertraute bei seinen Grabungen ganz auf die Beschreibungen und Ortsangaben von Pausanias;
die Textstelle zur Lage der Atridengräber bei Pausanias deutete er abweichend von der bis dato verbreiteten Meinung und vermutete sie innerhalb der Burgmauern. Und tatsächlich: Er fand insgesamt fünf ›Kö-
nigsgräber‹, die ausnahmslos in einem sogenannten ›Gräberrund‹ mit
einem Durchmesser von etwa 27 m lagen. Ein Jahr später, die Grabungen wurden jetzt von der *Archäologischen Gesellschaft Athen* durchgeführt, entdeckte man ein weiteres Grab in diesem heute als Gräberrund
A bezeichneten Bezirk (Abb. 11).

Die von Schliemann aufgefundenen fünf Schachtgräber waren eine
Sensation. Sie waren mit sehr kostbaren Grabbeigaben wie Schmuck,
Trinkgefäßen und Waffen aus Gold, Silber und Bronze versehen. Ins-
gesamt fanden sich in ihnen Skelettreste von mehr als 15 Individuen,
sowohl Männern als auch Frauen. Berühmt geworden sind die aus den
Gräbern stammenden fünf Goldmasken, die Schliemann für Porträts
der Verstorbenen hielt. Eine von ihnen ist als ›Maske des Agamemnon‹
(Abb. 12) in die Geschichte der Archäologie eingegangen. Es gibt bis
heute jedoch keinen eindeutigen Hinweis darauf, dass Schliemann diese
Umschreibung für eine der Masken aus Grab 5 gewählt hat. Klar ist le-

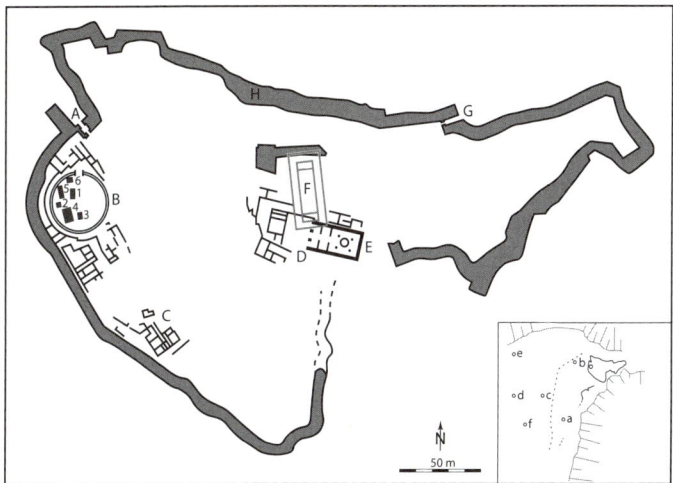

Abb. 11: Burg von Mykene. A: Löwentor; B: Gräberrund A (1–6: Schachtgräber); C: Häuser; D: Palast; E: Megaron; F: Hellenistischer Tempel (3. Jh. v. Chr.); G: Tor; H: Kyklopische Mauer; a–f: Kuppelgräber in der Umgebung der Burg (a: ›Schatzhaus des Atreus‹).

diglich, dass er in einem Brief an Max Müller vom 24. November 1876 die fünf entdeckten Gräber erwähnte und in diesem Zusammenhang hervorhob, er habe nun also die von Pausanias beschriebenen Gräber des Agamemnon und seiner Gefährten aufgedeckt (BW Müller, 92 f.). Eine ganz ähnliche Nachricht telegraphierte er am 28. November auch an den griechischen König Georg I. (Richter, 182 f.).

Die Beschreibung der Maske in seinem Buch *Mykenae. Bericht über meine Forschungen und Entdeckungen in Mykenae und Tiryns* (1878) ist jedenfalls frei von jeglicher homerischen Interpretation:

Dieselbe stellt durchaus rein hellenische Gesichtszüge dar, und ich mache besonders aufmerksam auf die lange dünne Nase, die in gerader Linie von der nur kleinen Stirn abläuft; die geschlossenen Augen sind gross, und durch die Augenbrauen gut bezeichnet; sehr charakteristisch ist auch der große Mund mit seinen verhältnissmässigen, schön dargestellten Lippen. Ziemlich gut ist auch der Bart dargestellt, besonders der Schnurbart, dessen Enden halbmondförmig aufwärts gebogen sind; [...]. (Mykenae, 357 f.)

Es ist also eine Ironie der Geschichte, dass die ganz nach
Schliemann klingende Bezeichnung dieser speziellen Toten-
maske als ›Maske des Agamemnon‹ in diesem Falle wohl gar
nicht auf ihn zurückgeht, aber
ihm selbstverständlich zuge-
schrieben wird. Auch wenn er
diese Benennung also vermut-
lich nicht zu verantworten hat,
ist doch festzuhalten, dass er mit
seiner Behauptung, er habe die
Gräber der Atriden entdeckt,

Abb. 12: Sogenannte ›Maske des Agamemnon‹.

den archäologischen Befund erneut anhand einer Schriftquelle deutete.
Dieses Mal war nicht Homer, sondern Pausanias sein Gewährsmann.
Schon Carl Schuchhardt machte in seinem Buch *Schliemann's Ausgrabungen in Troja, Tiryns, Mykenä, Orchomenos, Ithaka im Lichte der heutigen Wissenschaft* auf die Ungereimtheiten der Schliemann'schen Interpretation aufmerksam und bezweifelte einen Zusammenhang zwischen
den entdeckten und den bei Pausanias erwähnten Gräbern (Schuchhardt 1891, 195 ff.). Wie wir heute wissen, lag er richtig, denn die von
Schliemann aufgedeckten Schachtgräber im Gräberrund A stammen
aus dem 16. Jh. v. Chr. – eine Verbindung zu den homerischen Helden
ist also schon aus chronologischen Gründen unmöglich.

Carl Schuchhardt wurde 1859 in Hannover geboren und studierte Klassische Philologie und Klassische Archäologie in Leipzig, Göttingen und Hei-
delberg, wo er 1882 promovierte. 1884 ging er für zwei Jahre als Erzieher
nach Rumänien und studierte dort die Trajanswälle. 1886/87 reiste er als
Stipendiat des *Deutschen Archäologischen Institutes* nach Griechenland
und Kleinasien; in dieser Zeit nahm er auch an Ausgrabungen in Pergamon teil. Nahezu zeitgleich erhielt er von dem Verleger Eduard Brockhaus
(→ Kap. 5) – in Abstimmung mit Schliemann – den Auftrag, ein populäres
Buch zu den Schliemann'schen Ausgrabungen zu schreiben. An dem Buch
arbeitete Schuchhardt über mehrere Jahre, ohne zuvor je in Troia gewesen
zu sein. Es erschien Anfang 1890, und bereits ein Jahr später wurde es in
einer aktualisierten Auflage vorgelegt. Dank dieses Werkes wurde sein Name
über die Fachgrenzen hinaus bekannt. Im Alter von nicht ganz dreißig Jahren war er im Jahr 1888 Direktor des neu gegründeten *Kestner-Museums* in
Hannover geworden. Während seiner Zeit in Hannover wandte er sich vermehrt der Prähistorie zu – besonders hervorzuheben sind seine Forschungen

zu ur- und frühgeschichtlichen Burgwällen. 1908 übernahm er die Leitung der Vorgeschichtlichen Abteilung der *Königlichen Museen zu Berlin*, die er bis zu seiner Pensionierung innehatte. Damit war Schuchhardt sozusagen zum Hüter der in Berlin befindlichen Troia-Sammlung geworden. Er starb am 7. Dezember 1943.

Wie schon nach Troia begleitete Sophia ihren Mann auch nach Mykene. In seinen Artikeln für die *Times* sowie seinem Buch *Mykenae* erwähnt er ausdrücklich die Mitarbeit und Hilfe seiner Frau. Sie war zuständig für die Freilegung des Kuppelgrabes in der Nähe des Löwentores, das als ›Grab der Klytaimnestra‹ bekannt war. Dieses Grab sowie das berühmte sogenannte ›Schatzhaus des Atreus‹ – ebenfalls ein Kuppelgrab –, die beide außerhalb der Burg liegen, stammen aus spätmykenischer Zeit und datieren in das 14. Jh. v. Chr. Das Atreusgrab gehört zu den größten Kuppelgräbern Griechenlands; es besitzt einen 35 m langen und 6 m breiten Eingangsweg (Dromos) und ein über 5 m hohes Eingangstor. Die bienenkorbförmige Kuppel ist mit einem Durchmesser von 14,5 m die größte ihrer Art (Abb. 13). Wie die anderen Kuppelgräber in Mykene war auch dieses Grab bereits in der Antike beraubt worden und damit fundleer.

Neben der Entdeckung und Ausgrabung der Gräber legte Schliemann auch die Schwelle des berühmten ›Löwentors‹ frei; dieses Tor aus dem 13. Jh. v. Chr. bildete den Haupteingang zur Burg, die – wie auch die Burg von Tiryns – von einer mächtigen Mauer, die an einigen Stellen bis zu 8 m stark ist, umgeben ist. Im Zentrum der Burg fand er Reste eines Palastes aus spätmykenischer (Ende 13. Jh. v. Chr.) sowie einen Tempel aus hellenistischer Zeit. Grabungen

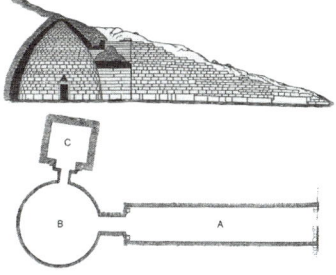

Abb. 13: Durchschnitt und Grundriss vom sogenannten ›Schatzhaus des Atreus‹. A: Eingangsweg (Dromos); B: Rundbau (Tholos); C: Grabkammer (ohne Maßstab).

in den Jahren 1886–1902 durch die *Archäologische Gesellschaft Athen* sowie im 20. Jahrhundert durch die *British School at Athens* führten zu weiteren Entdeckungen wie etwa dem außerhalb der Burg liegenden Gräberrund B. In den 1950er Jahren gelang es, die von den Mykenern benutzte Linear-B-Schrift zu entziffern, die ausschließlich zur Aufzeichnung von wirtschaftlichen Daten und zu Verwaltungszwecken benutzt worden war.

Mykene, das wissen wir dank der Arbeiten von Schliemann, war das Zentrum der gleichnamigen Kultur. Diese lässt sich für die Zeit von etwa 1600 bis 1050 v. Chr. nicht nur auf dem griechischen Festland, sondern im gesamten Ägäisraum nachweisen. Damit trat sie sozusagen in die Fußstapfen der Minoischen Kultur (3./2. Jahrtausend v. Chr.), die auf der Insel Kreta beheimatet war und deren Einflussbereich in der Frühen Bronzezeit über die Ägäis bis ins östliche Mittelmeer reichte. Ihr Name geht auf den mythischen König Minos zurück, der nach der griechischen Mythologie ein Sohn des Gottes Zeus und der Europa gewesen sein soll. 1883 erwähnte Schliemann erstmals Pläne, auf Kreta zu graben; 1886 wurden diese Pläne konkreter, und er stand kurz davor, den Hügel von Knossos, wo er den Königspalast des Minos vermutete, käuflich zu erwerben. Es kam dann allerdings nicht dazu. Die ersten Ausgrabungen in Knossos – dem Zentrum der Minoischen Kultur – fanden erst im Jahr 1900 unter dem Briten Arthur Evans (1851–1941) statt und dauerten 35 Jahre. Die heutige Erforschung dieser beiden frühen Hochkulturen des Ägäisraumes wird sowohl von der Prähistorischen als auch der Klassischen Archäologie betrieben.

Die Klassische Archäologie gilt als ›Mutter‹ aller archäologischen Einzelfächer, da sie die erste archäologische Wissenschaft war, die an einer deutschen Universität – in Gießen – gelehrt wurde. Als ihr Begründer gilt Johann Joachim Winckelmann (→ siehe S. 8 f.).

Die Klassische Archäologie beschäftigt sich in erster Linie mit den Kulturen der Griechen und Römer. Ihr geographisches und auch ihr zeitliches Arbeitsgebiet lässt sich daher relativ gut abgrenzen. Das geographische Zentrum liegt in Griechenland, auf den Ägäischen Inseln, in der kleinasiatischen Küstenzone und in Italien; selbstverständlich sind auch Regionen außerhalb der genannten Gebiete, in denen Griechen und Römer Zeugnisse hinterlassen haben, einzubeziehen. Zeitlich betrachtet ergibt sich ein Arbeitsfeld von rund 1500 Jahren, das um die Wende vom 2. zum 1. Jahrtausend v. Chr. beginnt und im späten 5. Jahrhundert n. Chr. mit dem Untergang des Weströmischen Reiches (476) endet. Neben dem genannten Arbeitsgebiet widmet sie sich auch der ägäischen Ur- und Frühgeschichte, also der Minoischen Kultur auf der Insel Kreta und der Mykenischen Kultur. Die von Schliemann ausgegrabenen Stätten in Troia, Mykene, Tiryns und Orchomenos sind der Ägäischen Bronzezeit (ca. 3200 bis ca. 1050 v. Chr.) zuzuordnen.

Orchomenos und Tiryns

Nachdem Schliemann im Jahr 1880 sein Buch *Ilios* abgeschlossen hatte, machte er sich nach Böotien auf, einer Landschaft in Mittelgriechenland. Dort soll sich – wie Homer berichtet – der Herrschersitz Orchomenos, ebenso goldreich wie Troia und Mykene, befunden haben.

In drei Kampagnen – im November 1880, im Frühjahr 1881 und schließlich, gemeinsam mit Dörpfeld, im Frühling des Jahres 1886 – grub Schliemann in der angeblich auf den mythischen König Minyas zurückgehenden Siedlung. Anders als zuvor in Troia und Mykene fand er dort zwar keine prunkvollen Schätze, dennoch war die Grabung ein Erfolg. 1880 konnte Schliemann das sogenannte ›Schatzhaus des Minyas‹ freilegen. Der Schriftsteller Pausanias, hier erneut Schliemanns wichtigste Quelle, berichtete von diesem ›Schatzhaus‹ in seinem im zweiten nachchristlichen Jahrhundert abgefassten zehnbändigen Reisebericht über Griechenland. Zu seiner Zeit soll es noch zugänglich gewesen sein. Allerdings irrte sich Pausanias bezüglich der Funktion des Gebäudes – es handelte sich nicht um ein Schatzhaus, sondern um ein Kuppelgrab. Von Aufbau und Größe ähnelt es stark dem ›Schatzhaus des Atreus‹ in Mykene; der Durchmesser der Kuppel beträgt 14 m und ist damit nur einen halben Meter geringer als der des Atreusgrabes. Wie das mykenische Kuppelgrab stammt auch das ›Schatzhaus des Minyas‹ aus dem 14. Jh. v. Chr. Besonders hervorzuheben ist das Deckengewölbe des Grabes, das aus einem Muster aus Rosetten und Spiralen zusammengesetzt ist und damit typische Verzierungselemente der Mykenischen Kultur aufgreift. Der Altertumswissenschaftler und Gymnasiallehrer Christian Belger (→ Kap. 5), der in der Presse fleißig über Schliemanns Entdeckungen berichtete, unterbreitete Rudolf Virchow den Vorschlag, das Muster des Gewölbes – das ursprünglich ein Teppichmuster gewesen sein dürfte – nachknüpfen zu lassen. Sodann müsste der Teppich als »›Schliemannteppich‹ ausgestellt und verkauft werden; ersteres zunächst im Schliemannsaale selbst«; und er fährt fort: »Sollen wir immer nur Renaissance nachahmen und nicht einmal etwas, was Originalgeburt des Menschengeistes ist?« (NL R. Virchow, Nr. 134). Virchow und Schliemann waren von der Idee angetan, ob es aber tatsächlich zur Anfertigung und Ausstellung eines solchen Teppichs gekommen ist, muss offen bleiben.

In Tiryns, das etwa 16 km südlich von Mykene auf der Peloponnes liegt, war Schliemann das erste Mal im Jahr 1876 archäologisch tätig. In dieser nur einwöchigen Grabung legte er einige wenige ›Suchschnitte‹

an, erst acht Jahre später gelang es ihm, mit Wilhelm Dörpfeld weite Teile des mykenischen Palastes auszugraben.

Tiryns gehört zu den beeindruckendsten frühgeschichtlichen Burgen Griechenlands, was besonders auf ihre sogenannte ›Kyklopenmauer‹ mit einer Dicke von 7 – 10 m zurückzuführen ist, die die sich bis zu 18 m über das Umland erhebende und auf einem Kalksteinfelsen liegende Burg regelrecht als Festung erscheinen lässt (Abb. 14). Schon Pausanias war von der Mächtigkeit der Burgmauer beeindruckt und stellte sie auf eine Stufe mit den ägyptischen Pyramiden (Pausanias IX, 36).

Wie Mykene zählte Tiryns zu den wichtigsten Zentren der Mykenischen Kultur und damit der Ägäischen Bronzezeit. Die mit einer mächtigen Umfassungsmauer geschützte Akropolis wird in eine Unter-, Mittel- und Oberburg eingeteilt (Abb. 14). Über verschiedene Tore konnte man in die Burganlage gelangen; das Haupttor befand sich im Osten und war über eine breite Rampe zu erreichen. Die Ausgrabungen Schliemanns und Dörpfelds konzentrierten sich vor allem auf die Oberburg, wo sie auch tatsächlich einen Großteil des durch eine Brandkatastrophe zerstörten Palastes mit seinen Wohn- und Wirtschaftsräumen freilegen konnten. Diese Brandkatastrophe ereignete sich, wie wir heute wissen, um 1200 v. Chr. und dürfte eher auf ein Erdbeben als auf kriegerische Auseinandersetzungen zurückzuführen sein.

Der Hauptraum des Herrscherpalastes war das große Megaron, in dessen Mitte ein runder Herd stand; gleich daneben befand sich ein weiteres, aber deutlich kleineres Megaron. Im gesamten Palast stießen Schliemann und Dörpfeld auf farbige

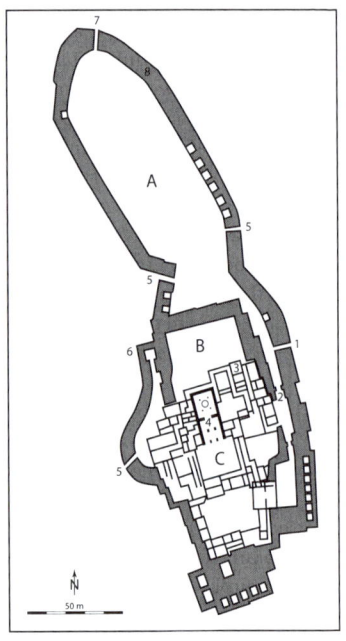

Abb. 14: Burg von Tiryns. A: Unterburg; B: Mittelburg; C: Oberburg: 1: Haupttor; 2: Tor zur Oberburg; 3: Kleines Megaron; 4: Megaron; 5: Pforten; 6: Turm; 7: Nordtor; 8: Kyklopische Mauer.

Wandmalereien, unter denen sich neben ornamentalen Mustern wie Spiralen, Kreise, Wellen und anderem mehr auch figürliche Szenen wie etwa die eines Stierspringers fanden.

Schliemanns und Dörpfelds Ausgrabungen legten den Grundstein für weitere Untersuchungen zu Beginn des 20. Jahrhunderts. 1967 nahm dann das *Deutsche Archäologische Institut* (DAI) seine Arbeiten in Tiryns erneut auf, wobei das Augenmerk in den 1970er und 1980er Jahren speziell auf die Besiedlung der Unterburg gerichtet war. Dabei zeigte sich, dass es dort eine dichte Bebauung gab und die frühere Interpretation dieses Teiles der Burg als Fluchtburg fehlging. Seit 1994 werden die Grabungen des DAI in Tiryns unter der Leitung des Heidelberger Prähistorikers Joseph Maran durchgeführt. Seine Schwerpunkte lagen bislang vor allem im Bereich der Megara der Oberburg, der Nordspitze der Unterburg sowie der Unterstadt mit dem Ziel, einerseits den Verlauf der Besiedlung des Felsens nachzuzeichnen sowie andererseits anhand der vorgefundenen Quellen kultur-, wirtschafts- und sozialgeschichtliche Fragestellungen – beispielsweise nach dem Konsum der Eliten – nachzugehen.

Das *Deutsche Archäologische Institut* mit seiner Zentrale in Berlin ist die bedeutendste archäologische Forschungsinstitution Deutschlands. Es entstand aus dem 1829 in Rom gegründeten *Istituto di Corrispondenza Archeologica*. Das DAI besitzt heute zahlreiche Zweiganstalten, Kommissionen und Außenstellen im In- und Ausland. Ihre ursprüngliche Konzentration auf die Klassische Antike gab die Institution im Laufe des 20. Jahrhunderts zugunsten einer kulturellen und räumlichen Erweiterung auf. Heute werden durch das DAI neben den klassischen Feldern – Italien und Griechenland – auch der Alte Orient sowie Kulturen Mittel- und Südwesteuropas, aber auch solche Eurasiens, Ostasiens und Nordafrikas erforscht.

Schliemanns Verdienste um die Prähistorische Archäologie

Mit seinen Ausgrabungen speziell in Troia und Mykene sowie in Orchomenos und Tiryns hat Schliemann für die Archäologie eine neue Welt aufgedeckt. Zu seiner Zeit war über die Bronzezeit im ägäischen und kleinasiatischen Raum kaum etwas bekannt. Seine Entdeckungen haben ganz entscheidend zu einer neuen und differenzierten Sicht auf die vorklassischen Kulturen in Griechenland und Kleinasien beigetragen. Dass er der Archäologie Kulturen erschlossen hat, die zuvor weitgehend unerforscht waren, war ihm im Übrigen sehr bewusst. Nicht zu unrecht wird er gern als Begründer der sogenannten ›Homer-Archäologie‹ bezeichnet, einer Archäologie, die auf die Epen Homers gründet und diese in Relation zu den Ergebnissen der Archäologie setzt. Eine solche Archäologie hat sicherlich ihre Berechtigung, allerdings fehlte bei Schliemann eine kritische Auseinandersetzung mit den Schriftzeugnissen bzw. eine grundlegende Quellenkritik.

Trotz seines häufig krampfhaften Versuchs, schriftlich Überliefertes mittels Ausgrabungen auf seinen Wahrheitsgehalt hin zu überprüfen, ist Schliemanns Verdiensten für die Archäologie die nötige Ehre zu erweisen. Gerecht werden wird man ihm nur, wenn man ihn und seine archäologische Tätigkeit aus seiner Zeit und seiner sozialen Umwelt heraus beurteilt.

Mit seinen Grabungen in der Ägäis und Kleinasien gelangten erstmals – worauf in diesem Buch schon mehrmals hingewiesen wurde – die auf den ersten Blick unbedeutenden Kleinfunde in den Fokus archäologischer Forschung. Er erkannte überdies den Wert der Keramik als ›Leitfossil‹ für die Aufstellung einer relativen und absoluten Chronologie. In Troia und anderswo ging es vor allem darum, materielle Zeugnisse zu bergen, nach Sachgruppen zu gliedern, sie zeitlich einzuordnen und kulturgeschichtlich zu deuten. Um diesem ›ganzheitlichen Konzept‹, so möchte ich es hier nennen, gerecht zu werden, war es nötig, Spezialisten zu engagieren – Schliemanns Forschungsansatz war also interdisziplinär. Mit den Mitteln seiner Zeit integrierte er die Werke der antiken Literatur, die Geschichtswissenschaft, die noch junge Ur- und Frühgeschichtswissenschaft, einige Naturwissenschaften und bis zu einem gewissen Grade auch die Klassische Archäologie. Es ist bedauerlich, dass er dabei gerade von Seiten der Klassischen Archäologie und zum Teil auch von historischer Seite kaum Unterstützung bekam, sondern – zumindest von der deutschen Fachwelt – als Dilettant belächelt wurde.

Schliemann war seiner Zeit auch in technischer Hinsicht weit voraus. Er etablierte wie selbstverständlich die Ausgrabung als legitimes Arbeitsmittel. Andererseits führte seine – aus heutiger Sicht sicherlich in vielerlei Hinsicht unkonventionelle und zum Teil wenig zimperliche – Grabungstechnik zur Etablierung und Anerkennung der Stratigraphischen Methode, da er den archäologischen Schichten und damit der Stratifizierung die ihnen gebührende Aufmerksamkeit schenkte. In diesem Zusammenhang ist hervorzuheben, dass er die Kulturschichten nicht nur zu erkennen, sondern auch zu verfolgen suchte.

Auch der Einsatz der Photographie als Mittel der archäologischen Dokumentation war seinerzeit etwas völlig Neues. Schliemanns *At-*

las trojanischer Alterthümer war eines der wenigen Bücher, in dem die Funde konsequent als Photographie abgebildet wurden. Der Untertitel des Buches verdeutlicht das: *Photographische Berichte über die Ausgrabungen in Troja.* Dies führte aber auch zu heftiger Kritik. Die Fachwelt bemängelte bei diesem Erstlingswerk nicht nur seine inhaltlichen Schnellschüsse, sondern auch die zum Teil recht schlechte Qualität der Photographien, so dass Schliemann bei seinen weiteren Publikationen auf das Abbilden von Photographien verzichtete und wieder zum klassischen ›Stich‹ zurückkehrte. Im Feld, also während der Ausgrabung, kam das neue Medium jedoch weiter zum Einsatz.

Schliemanns gelehrte Freunde hatten gewiss großen Einfluss auf seine archäologische Arbeit. Ohne sie wäre er nicht zu dem Archäologen geworden, der er am Ende seines Lebens war. Doch wäre es falsch, seine positive Entwicklung als Archäologe nur auf seine Helfer und seine bisweilen unzureichende Vorgehensweise auf seine Herkunft als Autodidakt zurückzuführen. Schliemann war ein Pionier auf archäologischem Gebiet – und einem Pionier müssen Fehler, seien sie vom heutigen Standpunkt aus auch noch so schmerzlich, zugestanden werden. Und wie viele andere Pioniere war Schliemann auch auf Mitstreiter angewiesen – Mitstreiter, die ohne die rastlose, enthusiastische, neugierige und mit Weitsicht ausgestatte ›Lokomotive‹ Schliemann die Prähistorische Archäologie nicht so schnell zu einer etablierten Wissenschaft hätten machen können.

Literatur

M. K. H. Eggert, Archäologie – Historie – Philologie. Überlegungen zur Disziplinarität in den Altertumswissenschaften. In: A. Verbovsek / B. Backes / C. Jones (Hrsg.), Methodik und Didaktik in der Ägyptologie. Herausforderungen eines kulturwissenschaftlichen Paradigmenwechsels in den Altertumswissenschaften. Ägyptologie und Kulturwissenschaft 4 (München 2011) 31 – 52.

S. Samida, Archäologische Quellen: Zwischen historischer Realität und historischer Fiktion. Anmerkungen zur Troia-Debatte. Archäologisches Korrespondenzblatt 26, 2006, 37 – 47.

D. A. Traill, Schliemann and his Academic Employees. In: W. M. Calder III / J. Cobet (Hrsg.), Heinrich Schliemann nach hundert Jahren (Frankfurt a. M. 1990) 237 – 255.

U. Veit, Mehr als eine »Wissenschaft des Spatens« – Troia und die Geburt der modernen Archäologie. In: M. O. Korfmann (Hrsg.), Troia. Archäologie eines Siedlungshügels und seiner Landschaft (Mainz 2006) 123 – 130.

5

Der PR-Stratege und Publizist

Nicht erst heute, sondern schon im 19. Jahrhundert nahmen archäologische Themen jeglicher Art einen breiten Platz in den Medien ein. Heinrich Schliemann war jedoch gewiss einer der ersten Archäologen, der seine Entdeckungen und Ausgrabungsergebnisse durch eine – wie man heute sagen würde – konsequente Presse- und Öffentlichkeitsarbeit medienwirksam in zahlreichen Tageszeitungen, Zeitschriften, Büchern und Vorträgen weltweit publik machte. Aus dem Nichts erzielte er mit seiner öffentlichkeitswirksamen Publikationstätigkeit in kürzester Zeit ein breites Interesse und prägte wie kaum eine andere Persönlichkeit seiner Zeit die Vorstellung von der Archäologie als einer ›Spatenwissenschaft‹. Er berichtete von seinen Ausgrabungen stets zuerst in der Presse, erst später entstanden seine monographischen Arbeiten. Diente ihm als Forum anfangs die damals renommierte, in Augsburg erscheinende *Allgemeine Zeitung* (AAZ), war es ab 1876 die in London erscheinende *Times*, die seine Ausgrabungsberichte und Stellungnahmen abdruckte. Die große öffentliche Wirkung seiner Entdeckungen nicht nur in Troia, sondern auch in Mykene, Tiryns und Orchomenos wird besonders daran deutlich, dass die in der *Allgemeinen Zeitung* und der *Times* veröffentlichten Berichte auch von anderen Zeitungen ganz bzw. auszugsweise übernommen wurden. Ein weiteres Indiz für die Breitenwirkung seiner Entdeckungen sind die in einem der bekanntesten deutschen politischen Witz- und Satireblätter des 19. Jahrhunderts, dem *Kladderadatsch*, über ihn und seine Grabungen publizierten spöttischen Beiträge.

Der Grund für die hohe Aufmerksamkeit, die Schliemann und seinen Grabungen in der Öffentlichkeit zuteil wurde, dürfte zum einen in dem damals verbreiteten schwärmerischen Verlangen nach dem Auffinden des mythischen Troia, aber auch im Glanz der reichen mykenischen Goldfunde sowie der untergegangenen Palastkultur generell gelegen haben. Zum anderen übten seine Grabungen sicherlich auch deshalb eine so hohe Anziehungskraft auf das Publikum aus, weil er als Laie – durch entbehrungsreiche Arbeit, aber auch durch Beharrlichkeit – zu Erfolg gelangt war. In diesem Sinne stand er auf einer Stufe mit vielen anderen historisch interessierten Autodidakten, die vornehmlich auf regionaler Ebene forschten und weniger spektakuläre Entdeckungen vorzuweisen hatten. Schliemann verkörperte also, so könnte man sagen, aus Sicht der Öffentlichkeit den ›Kleinen Mann‹, der sich zunächst einmal gegen die großen Gelehrten seiner Zeit durchsetzen musste und letztlich auch durchzusetzen wusste.

Schliemanns Öffentlichkeitsarbeit und die mediale Aufbereitung seiner Ausgrabungen veranschaulichen recht eindrucksvoll seinen Kampf um persönliche Anerkennung sowohl in der Gesellschaft als auch innerhalb der Wissenschaft; darüber hinaus wird deutlich, dass die Archäologie im 19. Jahrhundert so etwas wie eine ›öffentliche Wissenschaft‹ war – eine Wissenschaft also, in der öffentlich um Interpretationsansätze gerungen wurde (→ dazu auch Kap. 6).

Schliemanns Weg zum Erfolg: Die *Allgemeine Zeitung*

Schliemann unternahm, worauf bereits hingewiesen wurde, im April 1870 erste, nicht genehmigte Ausgrabungen am Ruinenhügel Hisarlık. Nach diesen nur zehn Tage umfassenden Probegrabungen war er sich sicher, das homerische Troia freigelegt zu haben. Am 19. Mai, also etwa sechs Wochen nach Grabungsbeginn, schickte er der *AAZ* einen ersten Bericht mit der Bitte um Abdruck (HSP, BBB 29, 71). Tatsächlich nahm die Redaktion den Beitrag des unbekannten archäologischen Dilettanten, der den Brief ganz bewusst mit seinem ein Jahr zuvor erworbenen Doktortitel unterschrieben hatte, in ihre Zeitung auf. Der Aufsatz erschien bereits am 24. Mai 1870 in der – wie Schliemann sie nannte – »wissenschaftlichen Beilage« der bekannten Tageszeitung. Darin lesen wir, dass er nicht nur die Burg des Priamus entdeckt, sondern auch Teile davon ausgegraben habe. In seinem sehr detaillierten, dreispaltigen Artikel weist er zugleich darauf hin, dass er plane, die Grabungen weiter fortzusetzen, und er schließt mit der Ankündigung: »Ich werde dann nicht ermangeln dem deutschen Publicum die Ergebnisse dieser Forschungen vorzulegen«. Seine »Publikationsoffensive« (Zintzen 1998, 267) hatte also begonnen.

Die von dem berühmten Verleger und Politiker Johann Friedrich Cotta (1764–1832) im Jahr 1798 gegründete gemäßigt bürgerlich-liberale *Allgemeine Zeitung* hatte bis weit ins 19. Jahrhundert hinein, vor allem was die politische Berichterstattung betraf, eine Meinungsführerschaft inne. Sie gehörte darüber hinaus zu den ersten Zeitungen, die festangestellte Redakteure beschäftigte und das Gros ihrer Mitarbeiter aus Akademikerkreisen rekrutierte. Ab Mitte des 19. Jahrhunderts büßte sie jedoch ihren Einfluss auf dem deutschen Zeitungsmarkt gegenüber den Berliner Zeitungen bzw. der aufkommenden Massenpresse ein, was unter anderem an sinkenden Auflagenzahlen abzulesen ist. 1848 lag ihre Auflage bei über 11 000 Exemplaren – für die damalige Zeit eine durchaus übliche Auflagenzahl; diese erreichte sie nochmals annähernd im Jahr 1859. Die aus heutiger Sicht geringe Auflage bedeutet nicht, dass damals lediglich rund 11 000 Personen die Zeitung lasen. Im 19. Jahrhundert war das Zeitungslesen eine Gemeinschaftslektüre – in der Regel teilten sich ein Dutzend und mehr Personen eine Zeitung oder Zeitschrift.

Warum Schliemann damals die *AAZ* als ›Hausblatt‹ wählte, lässt sich nicht mehr eindeutig klären. Sicherlich genoss sie und besonders ihre Beilage in den siebziger Jahren des 19. Jahrhunderts noch immer hohes Ansehen in weiten Teilen der gebildeten Leserschaft, auf die Schliemanns Berichte abzielten. Dies wird auch in verschiedenen Briefen Schliemanns an die *AAZ* deutlich, wo er sie des Öfteren als »berühmtes« bzw. »geschätztes Blatt« und als am »weitesten verbreitete« Zeitung bezeichnet.

Die *AAZ* veröffentlichte anfangs zahlreiche von Schliemann zum Druck eingesandte Ausgrabungsberichte bzw. Stellungnahmen, die ihm und seiner Sache zu großer Publizität verhalfen. Für den Zeitraum von 1870 bis 1875 finden sich insgesamt 41 Nachrichten zu den Ausgrabungen in Troia; davon stammen 16 Beiträge, also weit über ein Drittel, aus der Feder Schliemanns. Besonders der Fund des ›Priamosschatzes‹ 1873 und der ab 1874 in Athen stattfindende Prozess mit der türkischen Regierung um diesen Schatzfund führten zu einem Anstieg der Berichterstattung bzw. zu zahlreiche Reaktionen.

Die Vorreiterrolle der *Allgemeinen Zeitung* in der Berichterstattung lässt sich recht gut daran erkennen, dass andere Blätter direkt auf die dort publizierten Schliemann'schen Aufsätze Bezug nahmen. Dies trifft beispielsweise auf seinen berühmten, am 5. August 1873 veröffentlichten Beitrag mit dem Titel »Der Schatz des Priamos« zu. Dieser Bericht löste ein enormes Medienecho aus. Die *Vossische Zeitung* (VZ) aus Berlin druckte den Beitrag in identischer Form am 7. August ab, und die wöchentlich erscheinende *Illustrirte Zeitung* (IZ) aus Leipzig rekurrierte in ihrer Ausgabe vom 16. August ebenfalls auf den Artikel, wobei sie die *AAZ* als Quelle anführte. Auch der *Kladderadatsch* reagierte schnell; noch in derselben Woche, am 10. August, erschien ein erstes Spottgedicht auf die sensationelle Bekanntmachung. Die englische illustrierte Zeitschrift *The Graphic* berichtete am 23. August über den Schatzfund

und beschrieb dabei den goldenen Kopfschmuck – speziell für ihre Leserinnen – etwas ausführlicher.

Die Zusammenarbeit mit der *Allgemeinen Zeitung* verlief allerdings nicht immer reibungslos – das verdeutlicht Schliemanns Korrespondenz mit der Redaktion. Er monierte ein ums andere Mal die Verzögerung des Abdrucks seiner eingesandten Berichte. Schon Anfang Dezember 1871 machte er seiner Unzufriedenheit Luft und drohte dem Blatt, seine Artikel in Zukunft an eine andere Zeitung zu geben, da ihm entsprechende Angebote vorlägen.

> *Ich erhielt bisjetzt nur erst Ihre Beilage vom 2ten v. Mts mit dem Abdruck meines Berichtes vom 18ten Octb u muß daher leider vermuthen daß Sie meine ferneren Berichte für die Aufnahme in Ihr berühmtes Blatt für unwürdig befunden haben. Da ich aber allen meinen Freunden in versch Welttheilen geschrieben hatte daß sie die Beschreibungen meiner Ausgrabungen in Ihrer Zeitung finden würden, so würde ich mich sehr lächerlich machen wenn es nicht der Fall wäre. [...] Fünf deutsche Blätter haben mich angegangen ihnen meine Berichte zusenden indem sie sich erboten mir reichlich dafür zu bezahlen. Da ich aber nicht für Geld schreibe und Ihre Zeitung die am weitesten verbreitete u meist gelesene ist so schicke ich Ihnen meine Mittheilungen gratis u frankiert. Ich kann es jetzt nicht mehr ändern; Sie haben meinen ersten Aufsatz gedruckt u muß ich Sie durchaus bitten auch die übrigen 4 zu drucken denn ich kann dieselben jetzt nicht mehr einer anderen Zeitung einsenden ohne mich in meinen eigenen Augen zu erniedrigen.* (HSP, BBB 30, 127)

Nach weiteren Schwierigkeiten wiederholte er wenige Monate später seine Drohung. Am 28. Mai 1872 schrieb er der Redaktion in seiner typischen ungehaltenen und fordernden Art:

> *Da Sie noch keinen meiner diesjährigen Aufsätze über Troia gedruckt haben, so muß ich vermuthen daß Sie dieselben nicht für würdig halten in Ihrer berühmten Zeitung zu erscheinen u komme ich, für diesen Fall, Sie angelegentlichst zu bitten mir diese Ihnen eingesandten 4 Aufsätze sofort hieher zurückzusenden.* (HSP, BBB 30, 489)

Knapp drei Wochen später wurde er noch deutlicher, indem er die Redaktion im »Namen des Gottes der Gerechtigkeit u im Namen der Wissenschaft aufs Allerdringlichste« bat, ihm seine vier eingereichten Aufsätze augenblicklich zurückzusenden (HSP, BBB 31, 7 f.). Die Zeitung reagierte auf diese Drohschreiben recht sachlich. Am 5. August 1872 antwortete ihm der Chefredakteur Otto Braun; er führte für den Nicht-Abdruck der eingesandten Artikel technische Gründe an, da die Druckerei keine Zeichnungen und Pläne umsetzen könne. Ohne diese Veranschaulichungen, so Braun, blieben die Artikel für den Leser aber »geradezu unverständlich« (HSP, B67 / F5).

Eine Antwort Schliemanns auf diesen Brief besitzen wir nicht. Es ist jedoch davon auszugehen, dass er in der Folge auf die Einreichung von Plänen, Abbildungen und Ähnlichem verzichtete, da 1873 und in den darauffolgenden beiden Jahren weitere Berichte von ihm in der *AAZ* veröffentlicht wurden. Allerdings druckte die Zeitung nicht alles widerspruchslos ab, was der Autodidakt einsandte – sie achtete vor allem auf eine sachliche Auseinandersetzung. Ein Brief Schliemanns vom 18. Oktober 1874 an seinen Verleger Eduard Brockhaus mag dies verdeutlichen. Darin äußert er die Meinung, dass ein Artikel deswegen nicht aufgenommen worden sei, weil er zu »heftige Ausdrücke« gegen einen seiner Gegner enthalten habe (BW Briefe, 143 f.).

Schliemann und sein Verleger Eduard Brockhaus

Einen guten Einblick in Schliemanns Publikationspraxis geben die Briefe an Eduard Brockhaus. Schliemann nahm mit ihm erstmals im Januar 1873 im Zusammenhang mit einer geplanten Monographie über seine troianischen Entdeckungen Kontakt auf.

Eduard Brockhaus (1829 – 1914), Enkel des Verlagsgründers Friedrich Arnold Brockhaus, war seit 1854 Mitinhaber des Leipziger Verlagshauses F. A. Brockhaus. Er unterhielt, sozusagen als Hauptansprechpartner auf Verlagsseite, mit Schliemann eine über fast zwanzig Jahre während Korrespondenz. Der renommierte Verlag gab seit 1874 alle deutschsprachigen archäologischen Arbeiten des Ausgräbers heraus und kümmerte sich auch um die Übersetzung der Werke. Darüber hinaus stellte sich Brockhaus immer wieder auf die Seite Schliemanns und unterstützte ihn bei seinen Pressefehden. Bis ins Jahr 1988 galt die mehr als 1000 Briefe umfassende Korrespondenz der Jahre 1873 bis 1890 als verschollen. Seit ihrer Auffindung vor über zwanzig Jahren harrt sie der Veröffentlichung.

Bereits dieser erste Brief verdeutlicht, dass Schliemann seinen Erfolg durchaus nicht dem Zufall überließ. So schreibt er am Ende seines Briefes:

Dringend bitte ich Sie, wenn Sie Artikel schreiben, um das Publikum auf mein Buch vorzubereiten, nur von dem großen Nutzen desselben für die Wissenschaft usw. zu sprechen, die Hervorhebung der gefundenen Gegenstände aber für später zu lassen, ich werde Ihnen schon sagen, wenn es Zeit ist dies zu tun; denn mir ist immer für meinen Ferman bange, wenn die Türken hören, was ich alles aus den Tiefen Iliums fortgeschleppt habe. (Bölke 1992, 57)

Schliemann – das macht die Passage deutlich – wollte selbst darüber bestimmen, wie, wann und warum gewisse Zeitungsberichte zu erscheinen hatten. Seine Angst vor den türkischen Behörden ist dabei besonders auffällig, da er zum einen um die türkische Grabungserlaubnis bangte und zum anderen fürchtete, seine Funde wie vereinbart mit dem osmanischen Staat teilen zu müssen. Es verwundert daher auch nicht, dass etwa der Bericht über den ›Schatz des Priamos‹ mit so großer zeitlicher Verzögerung erschien. Zuerst musste der Schatzfund sicher außer Landes geschafft werden, bevor darüber in der Zeitung berichtet werden durfte.

Die Veröffentlichung der Ausgrabungsergebnisse geschah also alles andere als planlos. Sowohl Schliemann als auch Brockhaus arbeiteten vorausschauend und mit großer Sorgfalt – stets Wirkung und Erfolg vor Augen. Das lässt sich recht gut an der Veröffentlichung zum ›Schatz des Priamos‹ festmachen. Schliemanns erster Bericht über den außergewöhnlichen Fund datiert vom 31. Mai 1873 (BW Meyer I, 231 ff.). Er schickte ihn am 10. Juni an Brockhaus mit dem Hinweis, dass er »sehr großes Aufsehen machen u von allen Zeitungen der civilisirten Welt wiederholt« (Witte, 451) werden würde. Dieser Aufsatz kam jedoch nie zum Druck, da Schliemann seinem Verleger am 27. Juni auf Französisch telegraphierte, dass noch Änderungen in der Beschreibung des Schatzes notwendig seien. Einen Tag später versprach er Brockhaus, ihm den neuen und erweiterten Beitrag bis zum 5. Juli zuzusenden. Und tatsächlich schickte er ihm am 5. Juli seinen veränderten Aufsatz, den Brockhaus nicht vor Ende Juli an die *AAZ* weiterreichte. Er schrieb Schliemann am 22. Juli 1873 einen längeren Brief, in dem es unter anderem um die geplante, in seinem Verlag erscheinende Monographie ging. In einem Absatz sprach er – durchaus unter Berücksichtigung seiner eigenen verlegerischen Interessen – auch die Veröffentlichung des Schliemann'schen Berichtes zum Schatzfund an:

> *Den Artikel an die Augsb. Allgem. Zeitung habe ich bisjetzt noch nicht abgesandt, da es vielleicht zweckmäßiger, denselben bis kurz vor Erscheinen des Werks selbst zu verschieben, um mit besonderem Nachdruck auf das Werk selbst hinzuweisen. Falls Sie also damit einverstanden, würde ich denselben auf einige Zeit zurückhalten; sollten Sie aber nach Lage der Dinge befürchten müssen, daß etwa von anderer Seite Notizen über den Schatz (den Sie ja wol verschiedenen Personen schon gezeigt) an die Oeffentlichkeit gebracht werden, so wäre es denn wol vorzuziehen, daß der Artikel, worin Sie sich authentisch darüber aussprechen, ohne längere Zögerung auch zur Veröffentlichung gelange. Ich erwarte also je nachdem noch gern Mittheilung darüber.* (HSP, B68 / F3)

Schliemann aber konnte oder wollte nicht warten, denn nur zwei Wochen später, am 5. August 1873, erschien die sensationelle Nachricht in der *AAZ*, die den Mecklenburger Dilettanten über Nacht berühmt machen sollte.

Schliemanns Inszenierungen in der *Allgemeinen Zeitung*

Schliemann begann im Jahr 1871, eine Art ›Artikelserie‹ zu schreiben. Innerhalb von acht Wochen erschienen fünf Beiträge mit der Überschrift »Ausgrabungen auf der Ebene von Troja« in der *AAZ*. Der erste Artikel wurde am 2. November 1871, der fünfte und letzte am 7. Januar 1872 veröffentlicht. Die Berichte beruhen zu großen Teilen auf Tagebucheinträgen Schliemanns, wurden aber offenbar von ihm für die Veröffentlichung aufbereitet. So verweist er zu Beginn eines Artikels bisweilen auf den vorhergehenden oder bringt die Bitte vor, man möge sich an ihn wenden, falls noch Klärungsbedarf bestehe. Diese und andere Artikel der Jahre 1870 bis 1873 für die *AAZ* flossen später in weiten Teilen identisch in sein Buch *Trojanische Alterthümer* (1874) ein, das mit dem 23. und letzten Bericht zum ›Schatz des Priamos‹ endet.

Alle Artikel liefern eine detaillierte Beschreibung der Grabungen. Schliemann berichtet vom Wetter, nennt die Anzahl der Arbeiter, bietet genaue Maßangaben – etwa die Tiefe, in denen die Funde angetroffen wurden – und beschreibt ausführlich die Befunde und Funde. Es ging ihm also nicht nur darum, seine Ergebnisse einem »staunenden Lesepublikum in den Spalten der Tagespresse zu offerieren, sondern durch ihre sachgerechte Auslegung auch die Erwartungen einer anspruchsvollen Fachwelt zu befriedigen« (Richter 1992, 228). In den Berichten klingt darüber hinaus immer wieder an, welch große Bedeutung Schliemann der Archäologie für die Lösung des Rätsels *Ubi Troia fuit?* beimaß. Vor allem seine Spitzhaue und sein Spaten galten ihm – ganz in positivistischer Manier – als Werkzeuge, die im wahrsten Sinne des Wortes ›greifbare‹ Tatsachen ans Licht brachten. So überrascht es nicht, dass er in einem seiner Berichte an die *AAZ* schrieb: »Der einzige Zweck meiner Ausgrabungen war ja von Anfang an nur Troja aufzufinden, über dessen Baustelle von hundert Gelehrten hundert gediegene Werke geschrieben worden sind, die aber noch niemals jemand versucht hat durch Ausgrabungen ans Licht zu bringen« (AAZ, 27. November 1871, Beil.). Schliemann betrachtete den ›Spaten‹ also als *das* historische Werkzeug, das die Rätsel und Geheimnisse der Geschichte zu lüften vermag.

Der archäologische Laie verstand es, mit seinen Berichten eine große Öffentlichkeit in seinen Bann zu ziehen. Dabei spielte eine wichtige Rolle, dass er zum einen kontinuierlich in der Presse über den Fortgang seiner Arbeiten informierte und sich zum anderen nicht allein der üblichen, eher spröden, an Fakten orientierten Wissenschaftssprache bediente. Anders als vielen zeitgenössischen Wissenschaftlern gelang es ihm, in seinen Publikationen durchaus ›Stimmung‹ und ›Zuneigung‹ beim Leser zu wecken – ganz im Sinne der damals äußerst populären Reisebeschreibungen. Diese sollten ihre Leserschaft unterhalten, und dazu gehörte es, ›Geschichten‹ in der Geschichte zu erzählen, also etwa über außerordentliche Strapazen und seltsame oder gefährliche Ereignisse zu berichten sowie Anekdoten über merkwürdige oder komische Vorfälle zu bieten. Schliemanns Tagebuchstil weist starke Ähnlichkeiten mit der Gattung der Reisebeschreibungen auf. Typisch sind etwa seine imposanten Landschaftsbeschreibungen, die Aufzählung der Hindernisse, die ihm seitens der türkischen Regierung in den Weg gelegt wurden, der Kampf mit dem schlechten Wetter und den riesigen Schutt- und Steinmassen, die es an der Grabungsstelle zu entfernen galt, alltägliche Entbehrungen sowie der Kampf mit Krankheiten, vor allem mit dem »pestilentialen Sumpffieber«, und der Hinweis auf die ungeheure Menge an Ungeziefer und giftigen Tieren.

Schliemanns lebhafte Berichterstattung arbeitete darüber hinaus mit vielen stereotypen, positiv besetzten Wendungen. So spricht er immer wieder davon, dass die Arbeiten mit »allergrößter Energie«, mit »größtem Eifer« oder »eifrig« fortgeführt würden, und allzu oft versetzen ihn die Befunde und Funde in »allergrößtes Erstaunen«.

Als Teil seiner Inszenierung müssen auch die zahlreichen Hinweise auf seine Erfolge gewertet werden. In dem Bericht vom 14. Juni 1873 in der *AAZ* (Beil.) heißt es beispielsweise, er habe »mit den gefundenen Alterthümern eine neue Welt für die Archäologie aufgedeckt«. Und weiter fährt er fort: »Die Entdeckung Troja's verdanke ich nur meinem Enthusiasmus für die griechische Philologie und besonders für Homer«.

Im Dienste seiner Inszenierungen nahm er es auch mit der Wahrheit nicht so genau. Ein prägnantes Beispiel, auf das zu Recht immer wieder verwiesen wird, stellt die Beschreibung der Entdeckung und Bergung des von ihm so bezeichneten ›Schatzes des Priamos‹ dar, bei der seine Frau Sophia eine zentrale Rolle eingenommen haben soll.

> *Es scheint daß die göttliche Vorsehung mich für meine übermenschlichen Anstrengungen während meiner dreijährigen Ausgrabungen in Ilion auf eine glänzende Weise hat entschädigen wollen, [...]. Um den Schatz der Habsucht meiner Arbeiter zu entziehen [...], schnitt ich den Schatz mit einem großen Messer heraus, was nicht ohne die allergrößte Kraftanstrengung und die furchtbarste Lebensgefahr möglich war, denn die große Festungsmauer, welche ich zu untergraben hatte, drohte jeden Augenblick auf mich einzustürzen. Aber der Anblick so vieler Gegenstände, wovon jeder einzelne einen unermesslichen Werth für die Wissenschaft hat, machte mich tollkühn, und ich dachte nicht an die Gefahr. Die Fortschaffung des Schatzes wäre mir aber unmöglich geworden ohne die Hülfe meiner lieben Frau, welche immer bereit stand die von mir herausgeschnittenen Gegenstände in ihr großes Umschlagetuch zu packen und fortzutragen.* (AAZ, 5. August 1873, Beil.)

Theatralischer kann man eine Entdeckung wohl kaum schildern. Allerdings war Sophia zu dieser Zeit erwiesenermaßen nicht in Troia. Die Schilderung, seine Frau habe die Goldsachen in ihrem »Umschlagetuch« in Sicherheit gebracht, war also pure Erfindung, und zwar einzig und allein, um die Ereignisse zu dramatisieren. Schliemann stilisierte Sophia darüber hinaus als Archäologin, die von der Aufdeckung Troias begeistert gewesen sei und ihm stets mit »Rath und That hülfreich« zur Seite gestanden habe (AAZ, 13. Juni 1873, Beil.). Auch bei den Ausgrabungen in Mykene wies er ihr eine zentrale Rolle zu. Gemeinsam hätten sie, auf den Knien sitzend, die fünf Gräber unter größten Schwierigkeiten ausgegraben (Times, 22. Dezember 1876). Und in einem Porträt im *Graphic* vom 20. Januar 1877 lobte er ihre Fähigkeiten als Ausgräberin: »Madame Schliemann has a perfect genius for excavating«.

Schliemanns Prahlerei, seine Frau habe sich federführend an den Ausgrabungen beteiligt, ließ sie bei den Zeitgenossen als ›strahlende Archäologin‹ erscheinen – ein Bild, das die damalige Presse begierig aufgriff. A. Woldt, ein mit Schliemann in Briefkontakt stehender Feuilletonist, hob in einem Porträt über Sophia Schliemann in der *Illustrirten Frauen-Zeitung* vom 13. September 1880 ihren Enthusiasmus und ihre Hingabe an die Archäologie und an Homer hervor. In England wurde sie für ihre Arbeiten in Mykene gar vom *Royal Archaeological Institute* geehrt. Sie selbst schätzte ihren Beitrag zu den archäologischen Arbeiten gleichwohl deutlich geringer ein. In ihrer Dankesrede hob sie hervor: »The part I have taken in the discoveries is but small, in Troy as well as in Mycenae« (Times, 9. Juni 1877). Die kritische Schliemannforschung vertritt heute eine ganz ähnliche Auffassung: Sophia Schliemann hatte weit weniger Anteil und Interesse an der Archäologie, als ihr Mann behauptete.

Kritische Berichterstattung: Schliemann und der *Kladderadatsch*

Schliemanns Berichte und besonders seine oft vorschnellen Deutungen stießen bei etlichen Zeitgenossen auf zum Teil heftige Kritik (→ Kap. 6). Der bereits mehrfach erwähnte *Kladderadatsch* gehörte zu jenen Medien, die kritisch mit Schliemann und seinen Interpretationen ins Gericht gingen. Das Satireblatt erschien erstmals am 7. Mai 1848 – also während der Revolutionseuphorie – und war eines der wenigen Blätter, die die Konterrevolution überdauerten und sich einen sicheren Platz in der deutschen Zeitungslandschaft des 19. Jahrhunderts erarbeiteten. Über Jahrzehnte hinweg nahm das wöchentlich aufgelegte Blatt, das in den 1870er Jahren die beachtliche Auflage von etwa 50 000 Exemplaren besaß, eine Monopolstellung ein und war unangefochten und weit über Berlin hinaus *die* dominierende humoristische Zeitschrift des vorletzten Jahrhunderts.

Schliemann und seine Ausgrabungen wurden im *Kladderadatsch* insgesamt über dreißig Mal ironisiert. Der Mecklenburger gehörte damit zu den wenigen Nicht-Politikern, mit denen sich das Witzblatt immer wieder beschäftigte. Besonders in den Jahren 1873 / 74 sowie 1876 / 77, als Schliemann mit seinen Entdeckungen in Troia und Mykene großes Aufsehen erregte, war er häufiger Gegenstand des Spottes.

In den Artikeln des *Kladderadatsch* bilden vor allem die allzu überschwänglichen Beschreibungen des Autodidakten – etwa die »göttliche Vorsehung« und das »Umschlagetuch« bzw. der »Shawl« seiner

Frau – ein beliebtes Motiv für Spott und Häme. Darüber hinaus kari-
kieren die Beiträge immer wieder die von ihm entdeckten goldreichen
und mythenbeladenen Funde; darauf wurde bereits an anderer Stelle
hingewiesen (→ Kap. 1).

Selbstverständlich war Schliemann von den Artikeln des *Kladderadatsch* nicht begeistert. Verschiedentlich beschwerte er sich über die
»abscheulichen Beschimpfungen«, die er durch das Witzblatt zu erlei-
den habe (BW Briefe, 142; BW Rust, 204). In seiner Verbitterung, wesentlich hervorgerufen durch die ablehnende Haltung der deutschen archäologischen akademischen Elite gegenüber seiner Person und seinen
Ausgrabungen, bezichtigte er gar die späteren Olympia-Ausgräber Ernst
Curtius und Gustav Hirschfeld in einem Brief vom 13. Dezember 1873
an Eduard Brockhaus als Autoren der Artikel im *Kladderadatsch* (Bölke
1992, 61). Mehr als ein unbegründeter Verdacht war dies jedoch nicht.

Die spöttischen Beiträge im *Kladderadatsch* sind aber nicht nur als ka-
rikierend oder schlicht lustig zu verstehen. Sie stellen vielmehr kritische
Kommentare zur Troia-Debatte des 19. Jahrhunderts dar. Damit kam ihnen ein durchaus aufklärerischer Charakter zu. Sie trafen in pointierter
Manier den Kern der Troia-Problematik. Damals wie heute ging es um
›Fakten und Fiktionen‹ bzw. um das Verhältnis von schriftlichen und materiellen Quellen und deren Interpretation. Die Persiflagen des *Kladde-
ratsch*, die sich etwa der Nibelungensage als Vergleich zum Troiamythos
bedienten, veranschaulichen dies besonders gut. Die wiederkehrende Beschäftigung mit dem Troia-Thema im *Kladderadatsch* zeigt zudem, dass
die Schliemann'schen Entdeckungen eine ungeheure Breitenwirkung
hatten und auf vielfältige Art und Weise rezipiert wurden.

Schliemanns Monographien

Schliemann verfasste neben seinen unzähligen Beiträgen in Tages- und
Wochenzeitungen insgesamt zehn archäologische Monographien, von
denen die meisten nahezu zeitgleich mit der deutschen Ausgabe auch
auf Englisch und Französisch erschienen. Bis auf sein *Ithaka*-Buch be-
treute der Brockhaus Verlag alle deutschsprachigen Bücher; die britischen Ausgaben erschienen im angesehenen Verlag John Murray, der
1859 auch Charles Darwins *On the Origin of Species* verlegt hatte.

Schliemanns erste archäologische Arbeit war die 1869 an der Universität Rostock eingereichte Dissertationsschrift *Ithaka, der Peloponnes
und Troja. Archäologische Forschungen*. In diesem Buch berichtet er von

seiner 1868 durchgeführten knapp zweimonatigen Reise nach Griechenland und in die Troas. Die Niederschrift des Manuskriptes schloss
er bereits vier Monate nach der Reise ab. Das Buch beginnt recht unge-
wöhnlich, nämlich mit einer zehnseitigen autobiographischen Vorrede.
Darin weist Schliemann das Publikum darauf hin, dass die Homerischen Epen ihn seit Kindestagen »entzückten« und dass er damals nicht
ahnen konnte, dereinst einem größeren Publikum eine Schrift zum
Trojanischen Krieg vorzulegen (Ithaka, V). Er schließt seine Vorrede in
der Hoffnung, »dazu beitragen zu können, unter dem intelligenten Publicum Geschmack an den schönen und edlen Studien zu verbreiten«
(ebd. XIV).

Das etwas mehr als 200 Seiten umfassende Buch stellt eine typische
Reisebeschreibung dar. Schliemann gibt dem Leser darin minutiöse
Eindrücke von der Landschaft und ihren Bewohnern sowie vor allem
natürlich von den dort vorhandenen historischen bzw. archäologischen
Hinterlassenschaften. Es ist nicht verwunderlich, dass der rastlose Rei-
sende diese literarische Gattung wählte und auf die damit verbundenen
narrativen Strategien zurückgriff. Er war ein geübter Tagebuchschreiber
und hatte schon 1867 sein erstes Buch über seine Weltreise nach China
und Japan in Form eines Reiseberichtes verfasst.

Auch sein zweites Buch – *Trojanische Alterthümer* –, das die Ergebnisse seiner Ausgrabungen in Troia in den Jahren 1870 bis 1873 zusammenfasst, weist durch seinen Tagebuchstil starke Ähnlichkeiten mit der
Gattung der Reisebeschreibung auf. Bereits im ersten Satz des Buches
bezeichnet er das vorliegende Werk als eine Art Tagebuch seiner Ausgrabungen in Troia. Denn alle darin enthaltenen Aufsätze – insgesamt 23
Berichte auf rund 300 Seiten – seien, »wie die Lebhaftigkeit der Schilderungen es beweist, an Ort und Stelle, beim Fortschreiten der Arbeiten,
von mir niedergeschrieben« (TA, V). Einige von ihnen hatte er, worauf
schon hingewiesen wurde, zuerst in der *AAZ* veröffentlicht.

In seinem wahrhaft monumentalen Werk *Ilios. Stadt und Land der
Trojaner* (aus dem Jahr 1881 mit einem Umfang von etwa 1000 Seiten
und knapp 1600 Textabbildungen) zeigen sich ebenfalls Elemente des
Reiseberichtes. Aufgrund des gegenüber allen früheren Büchern deutlich ›objektiveren‹ Stils lässt sich diese Monographie als Schliemanns
erstes wirklich ›wissenschaftliches‹ Werk begreifen. Dennoch finden
sich zahlreiche Schilderungen, die noch ganz dem Geiste der Reisebeschreibungen verhaftet sind. Dazu zählen zum einen Stilelemente wie
der Ich-Erzähler, der Einbezug der Leser sowie die bekannten imposanten Landschaftsbeschreibungen. Darüber hinaus werden in *Ilios*

immer wieder große Schwierigkeiten und Gefahren während der Aus-
grabungsarbeiten angeführt. Hinzu kommt die jetzt gegenüber dem
Ithaka-Buch deutlich ausgebaute autobiographische Einleitung, in der
Schliemann Erklärungen für den von ihm eingeschlagenen Lebensweg
liefert (→ Kap. 1).

Für alle Publikationen Schliemanns gilt, dass er seinem erzähleri-
schen Stil treu blieb: Der Ich-Erzähler ist stets präsent, der Leser wird
direkt angesprochen, der Text wird mit Ausführungen über durchge-
standene Strapazen und Gefahren aufgelockert, Anekdoten stellen Nähe
zum Leser her. Bei alledem kommt die wissenschaftliche Erörterung aber
durchaus nicht zu kurz.

Dieser Stil war nicht allseits beliebt. Ein unbekannter Autor, der Carl
Schuchhardts populäre Arbeit *Schliemann's Ausgrabungen in Troja, Tiryns, Mykenae, Orchomenos, Ithaka im Lichte der heutigen Wissenschaft*
(1890) rezensierte und dabei auch auf Schliemanns eigene Arbeiten zu
sprechen kam, urteilte über den Schreibstil des Ausgräbers und die Präsentation seiner Ausgrabungsergebnisse recht harsch:

> *Was mutet er aber auch seinen Lesern zu! Wie macht er sie kopfscheu
> durch die abenteuerlichsten Vermutungen, die er mit feierlichem Ernst
> zum besten gibt, wie ermüdet er durch schwerfällige Breite und durch die
> schrullenhaftesten Zuthaten! Wahrlich, es gehört ein ungewöhnlicher
> Enthusiasmus dazu, um durch diese unerquicklichen Bücher sich hin-
> durchzuarbeiten, und vor allem bedarf es einer seltenen Urteilsreife, um
> aus dem unübersichtlichen Gemengsel das wirklich Bedeutsame und
> Wertvolle jeweils auszuscheiden.* (Schwäbische Chronik, 22. März 1890,
> I. Blatt)

Schliemann polarisierte also nicht nur in fachlicher, sondern offenbar
auch in schriftstellerischer Hinsicht.

Das Ende der Zusammenarbeit mit der Allgemeinen Zeitung

Im Jahr 1875 endete Schliemanns Zusammenarbeit mit der *AAZ*. Die
Gründe dafür lassen sich nicht mehr ganz klären. In einem Brief vom
26. Januar 1879 an Rudolf Virchow schrieb er, dass sich die *Allgemeine
Zeitung* mit Beginn der vom Deutschen Reich finanzierten Grabungen
in Olympia (ab 1875) bewusst von ihm abgewandt habe:

> *Nicht ich habe Deutschland, sondern Deutschland hat mir den Rücken gekehrt. Stets sandte ich früher meine Berichte an die ›Augsburger Allgemeine Zeitung‹. Als aber Deutschland die Ausgrabungen in Olympia anfing, wurden meine Artikel abgewiesen, nur noch Schmähbriefe gegen mich angenommen, ja selbst meine Antworten auf letztere refusiert.* (BW Virchow, 88)

Ähnlich äußerte er sich schon in seinem ersten Brief an Virchow vom 15. August 1876 (BW Virchow, 83). Und auch in einem Schreiben vom 10. Mai 1876 an den Chefredakteur der *Frankfurter Zeitung* beschwerte er sich über die seiner Meinung nach schlechte Behandlung durch die deutsche Presse, namentlich die *Allgemeine Zeitung*:

> *In der That finden meine Arbeiten u Opfer außer in Deutschland, überall so höchste Anerkennung, u hat man mich im v. J. 7 Wochen lang in London aufgenommen als ob ich einen neuen Welttheil für England erobert hätte. Wie ganz anders ist es dagegen in Deutschland u dort höre ich nur Beschimpfungen von den Zunftgelehrten u Anfeindungen von allen Seiten, ganz besonders aber von den preussischen oder von Preussen verkauften Blättern, wie z. B. von der Augsburger Allgemeinen Zeitung, welche seitdem die preussischen Ausgrabungen in Olympia angefangen haben, nur noch meinen Namen in feindlichem Sinne gebraucht, nur noch Schmähschriften gegen mich publicirt u sich aufs entschiedenste weigert meine Antworten darauf zu veröffentlichen.* (HSP, BBB 35, 174 ff.)

Dass die Probleme mit der *AAZ* anders gelagert waren als von Schliemann kolportiert, verdeutlichen zwei bislang unpublizierte Briefe im Nachlass Rudolf Virchows, der im Archiv der *Berlin Brandenburgischen Akademie der Wissenschaften* aufbewahrt wird. Virchow verfasste im Jahr 1891 einen dreiteiligen Nachruf auf seinen Freund für das Familienblatt *Gartenlaube* und beabsichtigte, dort auch auf die Probleme Schliemanns mit der *AAZ* einzugehen. In zwei Briefen des damaligen Herausgebers der *Gartenlaube*, Adolf Kröner, an Virchow vom 10. und 13. März 1891 werden die Gründe und Hintergründe für die Trennung deutlich. Am 10. März schrieb er Virchow:

> *So bedauerlich das Verhalten der »Allgemeinen Zeitung« im Jahr 1879 gegen Schliemann war, so muß man doch in Erwägung ziehen, dass die Redaktion sich zu jener Zeit in völliger Übereinstimmung befand mit den Anschauungen und Äußerungen erster deutscher Gelehrter und nicht aus*

> *Gehässigkeit gegen Schliemann, sondern aus sachlichen Erwägungen den*
> *Arbeiten eines Mannes ihre Spalten verschloß, gegen dessen wissen-*
> *schaftliche Autorität die Fachgelehrten schwere Bedenken geltend mach-*
> *ten.* (NL R. Virchow, Nr. 1169)

Die *AAZ*, so kann man diesem Brief entnehmen, schloss sich also erst
1879 der vorherrschenden Kritik gegen Schliemann an, die vor allem
von Philologen und Klassischen Archäologen – und damit der ›gelehrten Welt‹ – vorgebracht wurde. Ausschlaggebend für den Bruch
zwischen der *AAZ* und Schliemann dürfte nicht zuletzt die Tatsache
gewesen sein, dass Schliemann offenbar versucht hatte, über Geldzu-
wendungen Einfluss auf die Redakteure zu nehmen. Das verdeutlicht
jedenfalls Kröners Brief vom 13. März 1891 (NL R. Virchow, Nr. 1169).
Zu einer Zeit, als »Schliemann's überraschende Entdeckungen noch Gegenstand sehr ernster Zweifel, ja sogar des Spottes namentlich in den
gelehrten Kreisen Berlins waren«, habe die *Allgemeine Zeitung* zu dem
Forscher in den »freundlichsten und entgegenkommendsten Beziehungen gestanden«. Schliemann habe dann allerdings eines Tages die Ge-
fälligkeit des Chefredakteurs durch Zusendung von einhundert Talern
zu erkaufen versucht. Tatsächlich befindet sich in Schliemanns Nachlass
ein Brief an den Chefredakteur Otto Braun vom 27. Dezember 1874,
der dies bestätigt. In dem Schreiben bittet Schliemann um sofortigen
Abdruck eines Artikel und betont: »Ich bezahle gerne für die Aufnahme
deßelben die einliegenden 100 Thaler« (HSP, BBB 34, 214). Die Zurück-
weisung dieses Ansinnens habe daraufhin, so Kröner, zum Abbruch der
Beziehungen mit der *AZZ* geführt. Und in der Tat endet die Korrespondenz mit der *Allgemeinen Zeitung* im März 1875.

Schliemanns Erfolg in England

Weil sich Schliemann von der deutschen Presse und von den deutschen
Gelehrten nicht ernst genommen fühlte, wandte er sich England und
der englischen Presse zu. Ab 1876 sandte er seine Beiträge vornehm-
lich der in London erscheinenden *Times* zur Veröffentlichung. In einem
Brief vom 14. Januar 1877 an Eduard Brockhaus begründete er seine
Entscheidung fogendermaßen:

> *Nie würde ich daran gedacht haben, meine Berichte anders als auf*
> *deutsch zu schreiben und an andere als an deutsche Blätter einzusenden,*

wenn mir nicht mit einem Male nach Eröffnung der preußischen Ausgra-
bungen in Olympia die gesamte deutsche Presse feindlich entgegengetre-
ten wäre. Es kam so weit, daß die »Augsburger Allgemeine« nur noch
Libelle gegen mich, nicht aber meine streng wissenschaftlich gehaltenen
Antworten darauf annahm […] Auf solche Weise in meinem Vaterlande
beschimpft, fing ich an, alle meine Artikel an »The Times« zu schicken;
ich habe diesen seit 18. July [1876] sehr lange Dissertationen [Berichte]
gesandt und alle sind immer sofort publiziert und mit Bewunderung in
der ganze Welt gelesen. (BW Briefe, 148 f.)

Schliemann wurde in England gefeiert. Das lag nicht zuletzt daran, dass
er in dem mehrmaligen britischen Premierminister und passionierten
Homerforscher William E. Gladstone (1809–1898), der 1858 ein drei-
bändiges Werk mit dem Titel *Homer and the Homeric Age* verfasst hatte,
einen prominenten Fürsprecher gefunden hatte. Gladstone war ähnlich
wie Schliemann vom Wahrheitsgehalt der Homerischen Epen überzeugt
und auch er musste sich als Laie gegen die Gelehrtenzunft durchsetzen.
Gladstone und Schliemann korrespondierten seit 1873 miteinander,
und es nimmt nicht wunder, dass der Brite das Vorwort zur englischen
Ausgabe von Schliemanns *Mykenae*-Buch (1878) übernahm. Schliemann wiederum war von Gladstones Vorrede gerührt und widmete sei-
nerseits das Buch dem berühmten Staatsmann.

Im Juni 1875 besuchte der deutsche Forscher auf seiner Museumsreise durch Europa auch London und hielt dort vor der *Society of Antiquaries* einen Vortrag über seine Ausgrabungen in Troia. Die *Times*
berichtete ausführlich darüber, vor allem auch über die anschließende
Rede des britischen Premiers, der Schliemann seine höchste Anerkennung aussprach (Times, 26. Juni 1875). In Anerkennung seiner Leistungen nahm ihn die in allen Sparten der Altertumskunde bis heute hoch
angesehene wissenschaftliche Gesellschaft im Januar 1876 als Ehrenmitglied auf.

1877 besuchte Schliemann die britische Hauptstadt gleich mehrmals, hielt Vorträge zu seinen Ausgrabungen in Mykene (Abb. 15) und
wurde erneut ein ums andere Mal für seine Forschungen geehrt, unter
anderem von der *British Archaeological Association* und dem *Royal Archaeological Institute*. Er honorierte die allgemeine Begeisterung, indem
er in einem Beitrag an die *Times* vom 16. August 1877 verkündete, er
werde seine *Sammlung Trojanischer Alterthümer* im *Kensington Museum*
in London ausstellen.

> *I have much pleasure in informing you that, in order to show my grati-*
> *tude to the English people for the warm reception I have found with them*
> *during my three months' stay at London, I have resolved to bring my*
> *Trojan collection, including the treasure in gold and silver, to England,*
> *and to exhibit it provisionally at the South Kensington Museum. Of*
> *course, it is not for sale.* (Times, 16. August 1877)

Die *Times* wiederum informierte ihre Leser eingehend über die Ausstellung. Noch vor der Eröffnung am 20. Dezember 1877 erschien eine erste knappe Zusammenfassung über die ausgestellten Objekte (17. Dezember), und am Eröffnungstag selbst publizierte die Zeitung einen über zwei Spalten langen und sehr detaillierten Bericht über den im *Kensington Museum* erstmals der Öffentlichkeit präsentierten ›Schatz des Priamos‹.

Schliemanns Name war 1877 buchstäblich in aller Munde. Die *Illustrated London News*, eine wöchentlich erscheinende illustrierte Zeitschrift, berichtete über ihn und seine Ausgrabungen gleich ein Dutzend Mal. Mehrere Artikel weisen eine reiche Bebilderung auf, so etwa die Beiträge in den Ausgaben vom 3. Februar und 31. März 1877. Die Zeitschrift engagierte eigens den schottischen Aquarellmaler William Simpson (1832–1899), der für sie unter anderem schon als Kriegsberichterstatter im Krimkrieg gearbeitet hatte. Er wurde als *Special Artist* auch nach Mykene geschickt, um die Leser exklusiv in Wort und Bild über die Ausgrabungen zu informieren; dabei entstanden zahlreiche Illustrationen, die ihren Weg in die Zeitschrift fanden. Simpson nahm jedoch eine durchaus kritische Haltung zu den Schliemann'schen Interpretationen ein; dies führte im August 1877 zu einer kurzen Kontroverse zwischen den beiden in der Londoner *Times*.

Abb. 15: Schliemann vor der *Society of Anti-*
quaries im Jahr 1877.

Der ›Schatz des Priamos‹ in Deutschland

1879 übereignete Heinrich Schliemann seine Troianische Sammlung mitsamt dem herausragenden Schatzfund dem deutschen Volk. Der Ausgräber bereitete den Umzug der Sammlung von London nach Berlin selbst vor, und im Januar 1881 trafen die Kisten mit den Funden in der deutschen Hauptstadt ein. Die Sammlung war anfangs im *Kunstgewerbemuseum* – im heutigen *Martin-Gropius-Bau* – zu sehen. Zusammen mit seiner Frau sorgte er im Sommer 1881 eigenhändig für ihre Aufstellung. Wie wir aus dem Briefwechsel mit den Verantwortlichen der Sammlung wissen, war Schliemann anfangs vor allem um ihre Sicherheit und um ihre angemessene Ausleuchtung besorgt (BW Berlin).

Die Schenkung wurde in Deutschland enthusiastisch aufgenommen. Zu Beginn des Jahres 1881 berichteten die deutschen Zeitungen rege über diese Entscheidung und verfolgten über das ganze Jahr hinweg die weitere Entwicklung. In der Beilage der *AAZ* vom 10. Februar lesen wir, dass die Schliemann'sche Sammlung ein »dauerndes Denkmal« für seine »rastlose und opferfreudige Energie und warme Hingebung an Wissenschaft und Vaterland« bleiben werde. Die *Vossische Zeitung* in Berlin, eine der damals bedeutendsten deutschen Tageszeitungen, lieferte ihren Lesern wiederum einen ersten Eindruck von der Aufstellung der Sammlung und wies darauf hin, dass zwar für den Schatz noch die feuerfesten Vitrinen fehlten, dafür aber Schliemanns veröffentlichte Werke über Troia auf vier Lesepulten der besseren Orientierung der Besucher dienen würden (VZ, 19. Juli 1881).

Die Aufstellung der Schliemann-Sammlung in Berlin dürfte besonders auch einer Leserin der Augsburger *Allgemeinen Zeitung*, Julia Schaeffer aus Pommern, große Freude bereitet haben. Sie hatte Schliemann bereits im August 1873 gebeten, den »herrlichen Fund der ganzen Welt zu zeigen«. Über die *AAZ* ließ sie dem Ausgräber seinerzeit folgenden Brief zukommen:

In Ihrem geschätzten Blatte las ich zuerst von den Ausgrabungen bei Troja die Dr Schliemanns schönes Lebenswerk geworden sind. Wahrhaft herzinnig haben mich seine Erfolge gefreut, u zu dem letzten, der Auffindung des Schatzes des Priamos, möchte ich Dr S Glück wünschen, ihn aber zugleich bitten, den herrlichen Fund der ganzen Welt zu zeigen. Die ganze gebildete u halb gebildete Welt erfreut sich dieses Fundes wie einer Erfüllung des schönsten Jugendtraumes. Aber wie Wenige können nach Athen gehen um mit leiblichen Augen zu schauen wovon ihnen Homer erzählte? Millionen Menschen haben weder Mittel noch Zeit noch Freiheit dazu. Für diese nun bitte ich, Herr Dr Schliemann möchte durch einen sicheren Vertrauten, seinen Schatz der ganzen Welt zeigen, das heißt, ihn in allen großen Städten aufstellen laßen.

Ein bestimmtes, nicht geringes Eintrittsgeld würde von Alt u Jung, Hoch u Niedrig, so gern gezahlt werden, daß, ich bin deßen geneigt, Herrn Dr Schliemann ein nicht unbedeutender Gewinn daraus erwachsen würde, den er ja nach seiner hochherzigen Weise auf irgend eine Art für das Wohl des geliebten Hellas wahrnehmen könnte.

Möchte mein Vorschlag gefallen, meine Bitte Gehör finden. (HSP, B68 / F4)

Schliemann kam dem Wunsch damals nicht nach. Im September 1873 antwortete er der *AAZ*, er habe erstens zu viel Arbeit, und zweitens sei der Schatz von zu großem Wert, als dass man mit ihm reisen könne. Darüber hinaus beabsichtige er, seine gesamte Sammlung »als Waffe gegen das griechische Gouvernement« einzusetzen, um die Genehmigung für Ausgrabungen in Olympia und Mykene zu bekommen (HSP, BBB 33, 93). Seine Drohungen gingen jedoch ins Leere: Die Ausgrabungsgenehmigung für Olympia erhielt das Deutsche Reich, und auf die Grabungserlaubnis für Mykene musste der Wahlathener noch bis 1876 warten.

Die Popularisierung der Archäologie in der Mediengesellschaft des 19. Jahrhunderts

Die Popularisierung wissenschaftlicher Erkenntnisse war Teil der bürgerlichen Kultur des 19. Jahrhunderts – dies betraf nicht nur naturwissenschaftliche Sachverhalte, sondern auch kulturhistorische Themen. Die noch junge Wissenschaft ›Archäologie‹ und die durch Ausgrabungen gemachten Entdeckungen faszinierten weite Teile der Bevölkerung. Es verging kaum ein Tag, an dem in der Presse – dem damaligen Leitmedium – nicht über eine archäologische Ausgrabung, die Entdeckung neuer Fundstellen oder die Ankündigung eines archäologischen Kongresses berichtet wurde.

Schliemann traf in den 1870er Jahren somit auf ein an Archäologie und Geschichte interessiertes Publikum. Andererseits war auch die Presse an seinen Entdeckungen interessiert. Wirft man einen Blick auf andere, zeitgleiche Ausgrabungen, dann wird deutlich, dass er mit seiner rege betriebenen Öffentlichkeitsarbeit keine prinzipielle Ausnahme darstellte, aufgrund seiner einzigartigen Entdeckungen aber deutlich mehr Spuren im kollektiven Gedächtnis hinterließ.

Als Beispiel lassen sich die vom Deutschen Reich finanzierten und unter Ernst Curtius durchgeführten Ausgrabungen in Olympia anführen. Von Beginn an – der erste Artikel stammt vom 5. Januar 1876 – wurde die Öffentlichkeit konsequent in der Presse über den Stand der Ausgrabungen informiert. Ähnlich wie bei Schliemann gab es keinen festen Erscheinungsrhythmus, die Veröffentlichungen wurden vielmehr nach Qualität der in Olympia erzielten Resultate in den Zeitungen lanciert. Als Publikationsorgan der Ausgräber diente der *Deutsche Reichs-Anzeiger und Königlich Preußische Staats-Anzeiger* (Reichsanzeiger), also das offizielle Regierungsorgan, in dem amtliche Bekanntmachungen, Personalnachrichten, Rechtstexte etc. veröffentlicht wurden. Bis 1881 erschienen dort insgesamt 47 in römischen Ziffern durchnummerierte Artikel mit dem Titel »Die Ausgrabungen in Olympia«. Zwar wurde dem *Reichsanzeiger* nicht das Exklusivrecht zur Berichterstattung eingeräumt, die Erstveröffentlichung von Beiträgen der Ausgräber zu Olympia fand aber in der Regel über ihn statt, so dass das Blatt zumeist als Quelle für andere Zeitungen diente. Hin und wieder kam es auch vor, dass Schriftsteller, Maler oder Journalisten, die nach Olympia kamen, Artikel in Zeitungen und Reiseberichte über die laufenden Ausgrabungen veröffentlichten und damit den Artikeln im *Reichsanzeiger* zuvorkamen (z. B. der Reiseschriftsteller Fritz Wernick oder der Berliner Feuilletonist und Maler Ludwig Pietsch). Curtius selbst hatte mit dieser Vorgehensweise kein Problem. In einer Replik auf einen Vorwurf seines Kollegen Adolf Michaelis hinsichtlich der unüblichen Publikationspraxis – zum einen in Zeitungen und zum anderen von Nicht-Archäologen – antwortete Curtius in der national-liberalen Zeitschrift *Im neuen Reich*:

Wir konnten doch die Redseligkeit der Journalisten [...] nicht einschränken! Und wenn einzelne populäre Blätter unmittelbar von Seiten des Directoriums mit Nachrichten versehen wurden, so hielten wir es für unsere Pflicht, das zu thun. Denn nicht für die gelehrte Archäologie graben wir Olympia aus, sondern für Alle, welche offenen Sinn haben, um Kunstwerke des Alterthums und große Zeiten der Völkergeschichte zu würdigen. (Curtius 1876, 215)

Die Öffentlichkeit zu informieren und mit ihr in einen Dialog zu treten, stand für Curtius also außer Frage. In dieser Hinsicht waren sich der archäologische Laie Schliemann und der Wissenschaftler Curtius einig. Die

Wirkung der jeweiligen Pressearbeit war jedoch völlig verschieden. Das hing auch damit zusammen, dass die seriöse Flächengrabung in Olympia weit weniger spektakuläre Funde ans Tageslicht brachte als etwa die ›Tiefgrabung‹ Schliemanns im sagenhaften Troia mit seinen goldreichen Schätzen. Die Grabungen in Olympia galten zwar als wissenschaftlich solide, aber wenig publikumswirksam, während die Schliemann'schen Ausgrabungen mit ihren zum Teil unorthodoxen, letztlich aber erfolgreichen Methoden nicht nur spektakuläre Ergebnisse, sondern deutlich bessere Schlagzeilen hervorbrachten.

Schliemann – ein ›Medienstar‹?

Durch seine Entdeckung des sogenannten ›Schatzes des Priamos‹ erlangte Schliemann nicht nur in Deutschland, sondern weltweit große Berühmtheit. Was bis dahin keinem Gelehrten gelungen war – das mythische Troia Homers zu finden –, glückte einem archäologischen Laien. Es ist daher kaum verwunderlich, dass sich die Presse auf den Dilettanten stürzte, um ihren Lesern Informationen aus erster Hand zu bieten. In Schliemanns in Athen befindlichem Nachlass finden wir zahlreiche Anfragen deutscher und ausländischer Tages- und Wochenzeitungen, die den erfolgreichen Forscher um einen Bericht für ihre Zeitung bzw. um Überlassung von Photos und anderem Material baten.

Ernst Keil (1816–1878), der Herausgeber des bekannten, weit verbreiteten und viel gelesenen Familienblattes *Gartenlaube*, schrieb bereits am 17. Juni 1870 an Schliemann, dass er den Lesern seines Blattes gern eine (illustrierte) Darstellung der Ausgrabungen in Troia anbieten würde, und bat ihn daher um Beiträge (BW Meyer I, 172). Schliemann reagierte auf dieses Gesuch zurückhaltend; er müsse darüber nachdenken und könne nicht versprechen, Berichte einzusenden, da damit der Absatz seiner geplanten Monographie beeinträchtigt werden könnte (HSP, BBB 29, 135). Im Januar 1872 versuchte es Keil erneut und bot Schliemann ein »anständiges Honorar« für seine Berichte (HSP, B67 / F1). Dieses Mal zeigte sich Schliemann bereit und betonte, dass er mit »großem Vergnügen« für das »berühmte Blatt« schreiben werde (HSP, BBB 29, 256). Offenbar kam es aber nie zu einer Zusammenarbeit, da keine Artikel aus Schliemanns Feder in der *Gartenlaube* nachzuweisen sind.

Auch von anderer Seite wurden Anfragen an Schliemann herangetragen. Die illustrierte Zeitschrift *Daheim* bat den Entdecker des ›Priamosschatzes‹ im November 1873 um Überlassung seines geplanten

Werkes *Trojanische Alterthümer*, »um sofort beim Erscheinen desselben durch unsern archäologischen Mitarbeiter die nöthige Besprechung veranlassen zu können« (HSP, B68 / F5). Die Zeitschrift, die sich in dem Brief als eine »der verbreitetsten u. gedigensten unter den illustrirten Zeitschriften Deutschlands« charakterisierte, begründete ihr Interesse damit, dass es die Pflicht der illustrierten Presse sei, das Publikum über die epochemachenden Ausgrabungen zu unterrichten.

Im Februar 1877 trat die *Illustrirte Zeitung* (IZ) aus Leipzig mit dem Forscher in Kontakt und bot ihm an, einen Artikel über ihn und seine Entdeckungen in Mykene zu schreiben.

> *Die von Ihnen veranstalteten und mit großem Erfolg gekrönten Ausgrabungen zu Mykene nehmen allerorts ein hohes Interesse in Anspruch. Wir sind bereits von vielen Seiten aufgefordert worden, über das Unternehmen in unserem Blatte in Wort und Bild eingehende Mittheilungen zu machen. Zu bestem Dank würden Sie uns verbinden, wenn Sie die Güte haben wollten, von den ausgegrabenen Bauwerken sowie den hervorragendsten Fundobjecten uns Abbildungen (gleichviel ob Zeichnungen oder photographische Aufnahmen) unter Begleitung möglichst ausführlicher Mittheilungen über dieselben zur Verfügung zu stellen. Selbstverständlich sind wir zur Vergütung etwaiger Auslagen u.s.w. gern bereit. Zugleich erlauben wir uns die Bitte an Sie zu richten, uns Ihr photographisches Porträt mit biographischen Notizen gefälligst übermitteln zu wollen, da wir, um vielen uns gegenüber ausgesprochenen Wünschen zu begegnen, Ihre biographische Charakteristik nebst Porträt, Ihre Einwilligung vorausgesetzt, in unserem Blatte zu veröffentlichen beabsichtigen.* (HSP, B73 / F2)

Auch wenn wir keinen Antwortbrief Schliemanns besitzen, scheint er der *Illustrirten Zeitung* ihren Wunsch erfüllt zu haben. Denn am 24. März 1877 erschien ein ausführlicher Bericht samt einem Porträt und einer Abbildung unter dem Titel »Heinrich Schliemann und seine Ausgrabungen in Mykenä«, in dem der Enthusiasmus des »unermüdlichen Forschers« gelobt wurde.

Schliemann stand auch in losem brieflichen Kontakt mit verschiedenen Redakteuren und Feuilletonisten wie dem Klassischen Philologen, Archäologen und späteren Gymnasiallehrer Christian Belger (1847 – 1903), der des Öfteren und durchaus auch kritisch über Schliemann und seine Ausgrabungen schrieb. 1884 übernahm er die Redaktion der *Berliner Philologischen Wochenschrift*. In einem Brief vom

18. November 1883 machte er den Ausgräber auf den Wechsel in der Redaktion aufmerksam und bot ihm seine Spalten an (HSP, B 93 / F3).

Auch mit A. Woldt († 1890) korrespondierte Schliemann seit 1880 hin und wieder. Woldt war Herausgeber und verantwortlicher Redakteur der *A. Woldt's wissenschaflichen Correspondenz*, einer Zusammenstellung populärwissenschaftlicher Artikel, die zwölf- bis dreizehnmal im Vierteljahr mit »gütiger Unterstützung wissenschaftlicher Autoritäten« erschien und die Woldt an 200 bis 300 Zeitungen im In- und Ausland verschickte. Darüber hinaus schrieb er für verschiedene Zeitungen und Zeitschriften, unter anderem für die *Illustrirte Zeitung*, die *Illustrirte Frauen-Zeitung*, aber auch für die *Allgemeine Zeitung*.

Neben Belger und Woldt sei abschließend Friedrich Schlie genannt. Er verhalf Schliemanns Ausgrabungen gerade in der Anfangszeit zu großer Publizität (→ Kap. 3). Mochte der von der *AAZ* 1875 gegenüber Schliemann erhobene Vorwurf der Einflussnahme auf den Chefredakteur der Zeitung noch als Einzelfall erscheinen, so verdeutlicht ein Blick in die Korrespondenz zwischen Schlie und Schliemann, dass dies nicht der Fall war. Mehrmals bat Schlie den Ausgräber, auf Geldzuweisungen zu verzichten, da ihn dies in ein schlechtes Licht rücke. Als die großzügigen Geschenke nicht aufhörten, machte Schlie schließlich in einem Brief vom 30. Januar 1877 seinem Unmut recht drastisch Luft:

> *Aber lassen Sie mich noch auf einen Punkt kommen, den ich als Landsmann und halber Namensvetter auf gut Mecklenburgische Art offen und unumwunden ausspreche. Ich bitte Sie inständigst, mir nie wieder Geld zu schicken, es könnte das bekannt werden und mir, der ich doch ein vollständig reines Gewissen bezüglich meines Urtheils u. Interesses für Ihre Person u. Funde habe, schlecht ausgelegt werden.* (BW Schlie, 76)

Sieht man von den versuchten Einflussnahmen Schliemanns einmal ab, so zeigen die hier präsentierten Beispiele eines deutlich: Seine sensationellen Entdeckungen öffneten dem archäologischen Autodidakten in der Presse Tür und Tor; das führte wiederum dazu, dass er mit der Zeit zahlreiche Fürsprecher hatte, die ihn und seine Sache unterstützten und ein recht positives Bild von ihm in der Öffentlichkeit zeichneten. Immer neue Ausgrabungen mit immer neuen Entdeckungen förderten dabei das Image des ›archäologischen Abenteurers‹, der mit dem Spaten ›Schätze‹ und bis dahin unbekannte Kulturen aufzudecken vermochte.

Heinrich Schliemann hat Diskussionen angestoßen, die über das enge Fachgebiet hinausgingen und zum Tagesthema in den Medien wurden. Über Jahre hinweg prägte der Mecklenburger das Bild der Archäologie in der Öffentlichkeit. Er ist zweifellos als einflussreichster Popularisierer der im 19. Jahrhundert noch jungen Wissenschaft ›Archäologie‹ anzusehen.

Literatur

W. Bölke, Schliemann und sein Verleger Brockhaus. Zur Geschichte des verlorengeglaubten Briefwechsels zwischen Heinrich Schliemann und Eduard Brockhaus. In: J. Herrmann (Hrsg.), Heinrich Schliemann. Grundlagen und Ergebnisse moderner Archäologie 100 Jahre nach Schliemanns Tod (Berlin 1992) 55–64.

S. Samida, Heinrich Schliemann, Troia und die deutsche Presse: Medialisierung, Popularisierung, Inszenierung. In: P. Boden / D. Müller (Hrsg.), Populäres Wissen im medialen Wandel seit 1850. Literaturforschung 9 (Berlin 2009) 135–151.

B. Sösemann, Olympia als publizistisches National-Denkmal. Ein Beitrag zur Praxis und Methode der Wissenschaftspopularisierung im Deutschen Kaiserreich. In: H. Kyrieleis (Hrsg.), Olympia 1857–2000. 125 Jahre Ausgrabungen. Internationales Symposion, Berlin 9.–11. November 2000 (Mainz 2002) 49–84.

R. Witte, Schliemann einmal heiter betrachtet. Der Erforscher Troias und Mykenes in der satirischen Zeitschrift »Kladderadatsch« und in humorvollen Beiträgen. Mitteilungen des Heinrich-Schliemann-Museums Ankershagen 8 (Ankershagen 2004).

6

Der Streitbare

Schon mehrfach wurde in diesem Buch darauf hingewiesen, dass Heinrich Schliemann ein Mensch war, der polarisierte. Er scheute keinerlei Auseinandersetzung und kämpfte stets um sein Recht. Es muss daher nicht weiter verwundern, dass er immer wieder und mit ganz unterschiedlichen Personen haderte, stritt und in vielen Fällen die Meinungsverschiedenheiten in aller Öffentlichkeit austrug. Gerade die lange Jahre während Auseinandersetzung mit dem Artilleriehauptmann a.D. Ernst Boetticher (s.u.) veranschaulicht dies recht eindrücklich und zeigt zugleich die – in diesem Falle beidseitige – Verbissen- und Verbohrtheit. Schliemann hatte darüber hinaus einen kleinlichen und misstrauischen Charakter, der es auch seinen Freunden und Bekannten nicht immer leicht machte. Rudolf Virchow, mit dem Schliemann eine enge Freundschaft verband, versuchte immer wieder beruhigend auf den Freund einzuwirken, wurde aber selbst ›Opfer‹ von Schliemanns nachtragender Art.

Schliemann und die deutsche Altertumswissenschaft

Gerade zu Beginn seiner archäologischen Tätigkeit wurde Schliemann immer wieder mit dem Vorwurf des Dilettantismus konfrontiert und wegen seiner phantastischen Deutungen belächelt. Man tat ihn in akademischen Kreisen lange Zeit als archäologischen Laien, ja gar als Emporkömmling ab – ganz besonders in der deutschen Altertumswissenschaft.

Die Kritik, die seitens der Wissenschaft an seinen Deutungen vorgetragen wurde, nahm Schliemann stets persönlich. Dies lässt sich recht gut an seinen Reaktionen nachvollziehen. Zum einen ging er in seinen Briefen auf Vorwürfe und Kritik in Zeitungen und von einzelnen Wissenschaftlern ein. Zum anderen zeigt sich die persönliche Betroffenheit in seinen öffentlichen Erwiderungen, die in Einzelfällen heftig ausfallen konnten und den Widersacher zu einer Antwort geradezu herausforderten. Nicht selten kam es zu polemisch geführten und über die Tagespresse ausgetragenen Wortgefechten, in die mitunter auch andere, nicht unmittelbar beteiligte Wissenschaftler eingriffen. Stummer Zuschauer bzw. Leser war die Öffentlichkeit, die die Dispute zwischen dem Autodidakten und der Wissenschaft damals gewiss interessiert verfolgt haben dürfte.

Besonders nach Schliemanns sensationellem Schatzfund in Troia 1873 regte sich in der Wissenschaft Skepsis einerseits ob der Echtheit und andererseits ob der Deutung dieses und der anderen in Troia entdeckten Funde. Bereits im September, also nur wenige Wochen nach Schliemanns Bekanntgabe seiner Entdeckung des ›Priamosschatzes‹, wurden erste Zweifel geäußert. Sie kamen aus Athen, wo der Philologe und Archäologe Athanasios Rousopoulos (1823–1898) lehrte. Er war weder von dem hohen Alter des Schatzes noch von der Deutung Schliemanns überzeugt. Ausgelöst hatte den Disput, der sich in der Folge in der *AAZ* entspann, ein Bericht in der *Hannoverschen Zeitung*, in der es – auf Äußerungen von Rousopoulos bezugnehmend – hieß, »daß der Schliemann'sche Fund selbstverständlich mit dem Schatz des alten Priamos nicht das geringste gemein hat, wenn er auch entschieden der bedeutendste Fund seiner Art sei« (AAZ, 7. September 1873, Beil.). Anfang Oktober ergriff sodann der Hofprediger des griechischen Königs, W. Goßrau, das Wort und verteidigte aufs Entschiedenste Schliemann und dessen Interpretationen (AAZ, 4. Oktober 1873, Beil.). Dabei sprach er ein Problem an, das in allen Diskussionen unterschwellig mitspielte – Schliemanns fehlende fachliche Qualifikation. Sie sei es, »was die gelehrten Herren von allen Seiten so wild« mache, und er folgerte: »Der Brodneid ist unter den Gelehrten nicht weniger mächtig als unter – den Barbieren«. Rousopoulos selbst meldete sich am 21. Dezember in der *AAZ* zu Wort und legte nochmals seine Sicht der Dinge dar, ehe Schliemann im Februar 1874 zum Gegenschlag ausholte (AAZ, 7. Februar 1874, Beil.). Rousopoulos' Behauptungen seien »sämmtlich grundfalsch« und »leicht widerlegbar« sowie »höchst sonderbar« bzw. »wunderbar«.

Zur gleichen Zeit kam es zu weiteren Auseinandersetzungen, und zwar mit dem Heidelberger Ordinarius für Klassische Archäologie Karl Bernhard Stark (1824–1879) und dem Wiener Klassischen Archäologen Alexander Conze, mit dem Schliemann bereits vorher in Kontakt stand.

Alexander Conze wurde 1831 in Hannover geboren und studierte in Göttingen und Berlin Archäologie und Altertumskunde. Nach Promotion (1855) und Habilitation (1861) lehrte er seit 1863 als Außerordentlicher Professor für Archäologie in Halle und von 1869–1877 als Ordinarius in Wien. Während seiner Zeit in Wien leitete er die österreichischen Grabungen auf Samothrake. Auf dem Weg zu einer seiner Ausgrabungskampagnen besuchte er 1873 Schliemann in Troia. 1877 wurde er Direktor der *Berliner Antikensammlung*. In den Jahren 1878 bis 1886 führte er zusammen mit Carl Humann Ausgrabungen in Pergamon durch, von 1900–1913 dann gemeinsam mit Wilhelm Dörpfeld. Conze starb im Jahr 1914 in Berlin.

Conze hatte Mitte November 1873 in Wien einen Vortrag über Schliemanns Ausgrabungen in Troia gehalten – er war im April desselben Jahres dort zu Besuch gewesen und kannte die Stätte also aus eigener Anschauung. Schliemann wiederum erfuhr aus der Presse von diesem Vortrag und sah sich genötigt, in der *AAZ* (17. Dezember 1873, Beil.) die »irrigen Angaben«, die »nothwendigerweise gar viele falsche Ansichten verbreiten«, zu korrigieren. In dem zu diesem Artikel beiliegenden Brief an die Redaktion der *AAZ* schrieb er:

> *Der Neid der Gelehrten gegen mich hätte nie klarer an den Tag gelegt werden können als in der am 13ten v. Mts im Wiener Museum von Professor Conze gehaltenen Rede über, oder, besser gesagt, gegen meine Ausgrabungen in Troia u deren Resultate. Als nun diese Rede nur wissenschaftlich falsche Angaben enthält, die nicht verfehlen können ganz irrige Ansichten zu verbreiten u dem Absatz meines Ende des Mts bei Herrn F. A. Brockhaus in Leipzig fertig werdenden Werks über Troia zu schaden, so sehe ich mich genöthigt einliegende Antwort darauf zu geben, die ich Sie recht sehr bitte auf der ersten Seite der Beilage Ihrer werthvollen Zeitung drucken zu laßen. Wie Sie sich überzeugen werden habe ich alle Persönlichkeiten vermieden, nur die Wißenschaft als Werth bemüht u alle des gelehrten Professors Angaben, die eine auf der anderen, mit den handgreiflichsten Beweisen über den Haufen zuwerfen, so daß seine Rede gerade das Gegentheil deßen hervorbringen muß was sie bezweckt hat.* (HSP, BBB 33, 318)

Tatsächlich folgte Schliemann in seiner langen Erwiderung in der *Allgemeinen Zeitung* der im Brief geäußerten Bekundung, »alle Persönlichkeiten« zu vermeiden. Am Ende seines Beitrages konnte er sich jedoch einer Spitze gegen Conze nicht enthalten:

> *Was nun endlich den Rath des gelehrten Professors am Schlusse seiner Rede betrifft, daß ich, anstatt mein Geld im Graben nach Hirngespinsten zu vergeuden, es doch an fähigere Leute und wirkliche Gelehrte geben solle, damit diese durch Ausgrabungen die Wissenschaft bereichern, so*

unterwerfe ich mich dem Urtheil der wissenschaftlichen Welt, und frage dieselbe: ob ich einen solchen Rath verdiene, nachdem ich durch dreijährige, qualvolle, äußerst kostspielige und höchst gefährliche Ausgrabungen in einer pestilentialen Wildniß das größte historische Problem gelöst, eine neue Welt für die Archäologie aufgedeckt und die Wissenschaft durch mehr als 25,000 Gegenstände bereichert habe, von deren Formen und Fabricat kein Museum Europa's etwas aufzuweisen hat? (AAZ, 17. Dezember 1873, Beil.)

Conze reagierte sachlich. In seiner Besprechung von Schliemanns Erstlingswerk *Trojanische Alterthümer* in der Monatsschrift *Preußische Jahrbücher* (1874) verwies er nochmals auf die Probleme, besonders die »wunderlichen Auslegungen« Schliemanns, betonte aber zugleich die Bedeutung der Funde, die eine bis dato kaum erschlossene Periode für die Archäologie aufgetan hätten.

Auch wenn sich Conze und Schliemann nach dem öffentlichen Disput aussöhnten – sie unterhielten in den folgenden Jahren einen Briefwechsel –, zeigt sich doch an den beiden hier präsentierten Beispielen die grundsätzliche Spannung, die zwischen den Gelehrten und Schliemann herrschte. Sein Mecklenburger Landsmann Friedrich Schlie schrieb bereits 1876, dass die Beurteilung der Leistung Schliemanns »zu hart, viel zu sehr vom Kathederstandpunct aus und deshalb geradezu ungerecht gewesen ist« (Schlie 1876, 289). Das trifft sicherlich zu. Es ist aber den Gelehrten nicht zu verdenken, dass sie Schliemann den großen, aus ihrer Sicht nur auf Spekulation beruhenden Erfolg neideten – Neid, der in dem Umstand wurzelte, dass die Öffentlichkeit einem Laien und Autodidakten zujubelte. Persönliche und fachliche Motive sind hier also nicht immer auseinanderzuhalten.

Auf die fachlichen Vorwürfe reagierte Schliemann zeitlebens in seiner typischen radikalen und direkten Art. Bis an sein Lebensende buhlte er um Anerkennung speziell in der deutschen akademischen Elite, die ihm die Klassischen Archäologen, Althistoriker und Altphilologen aber lange verwehrten. Das veranschaulicht ein Brief des Klassischen Archäologen Adolf Furtwängler (1853 – 1907) vom 13. Juli 1881 an seine Mutter. Darin schreibt er unter anderem, Schliemann habe von der »eigentlichen Bedeutung seiner Ausgrabungen keine Ahnung« und handele »nur aus dem niedern Interesse daß die Sachen so und so alt sind und gerade aus Troia und Mykenae stammen« (Greifenhagen 1965, 77).

Der Archäologe Adolf Furtwängler kam 1853 in Freiburg i. Br. zur Welt. Nach dem Studium promovierte er 1874 bei dem Klassischen Archäologen Heinrich von Brunn in München. Von 1876–1878 war er Reisestipendiat des *Deutschen Archäologischen Institutes* und nahm unter anderem an den Grabungen in Olympia unter Ernst Curtius teil. Nach der Habilitation (1879) war er zunächst an der *Berliner Antikensammlung* tätig, bevor er 1884 eine Professur in Berlin erhielt. 1894 wechselte er nach München, wo er neben einer Professur auch die Leitung der dortigen Antikensammlung übernahm. Von 1901–1907 führte er Ausgrabungen im Aphaia-Heiligtum auf der Insel Ägina durch und entdeckte weitere Giebelskulpturen des berühmten Aphaia-Tempels. Sie können noch heute in der Münchner *Glyptothek* besichtigt werden. Adolf Furtwängler starb 1907 in Athen.

Neben seinen vorschnellen Deutungen wurde auch Schliemanns methodische Vorgehensweise beanstandet. Anders als bis dahin üblich schenkte er den Baudenkmälern und Kunstwerken nur wenig Aufmerksamkeit; im Vordergrund standen die Kleinfunde (Keramik, Metall, Knochen und Pflanzenreste). Damit verfolgte er einen gänzlich anderen methodischen Ansatz als die damals rein objektbezogene sowie philologisch-kunsthistorisch geprägte Klassische Archäologie. Der Enthusiasmus der Gelehrten gegenüber Schliemanns Forschung hielt sich jedenfalls in Grenzen, wie ein Vortrag Rudolf Virchows in der *Berliner Akademie der Wissenschaften* bezeugt. In einer Sitzung der Philosophisch-Historischen Klasse stellte er im Januar 1880 einige Ergebnisse der Troiagrabungen vor – die Begeisterung der Anwesenden war jedoch verhalten. Schliemann schrieb er dazu: »Curtius verhielt sich kühl, aber nicht oppositionell. Mommsen nahm sehr großes Interesse. Contze war nicht da, hat mir aber nachträglich einen besonderen Brief der Anerkennung geschrieben. Kirchhoff, unser eigentlicher Hellenist, tat, als ginge ihn die Sache nichts an. Aber Sie können darauf rechnen, daß ich die Herren aus ihrer Lethargie herausbringen werde« (BW Virchow, 162).

Halten wir fest: Schliemann machte es den Gelehrten durch seine aufbrausende und misstrauische Art sowie durch seine doch recht unkonventionelle Vorgehensweise nicht immer leicht – ganz im Gegenteil. Seine Deutungen mussten Skepsis und Widerstand hervorrufen. Diese Zweifel führten jedoch zu Diskussionen, die die damaligen archäologischen Wissenschaften – sei es die bereits institutionalisierte Klassische Archäologie, sei es die im Entstehen begriffene Prähistorische Archäologie – bereicherten sowie methodisch, etwa im Ausgrabungswesen, voranbrachten.

Schliemann und Hauptmann a. D. Ernst Boetticher

Das heftigste öffentlich ausgetragene Scharmützel hatte Schliemann mit Ernst Boetticher (1842–1930). Der Artilleriehauptmann a. D. machte ab Dezember 1883 gegen den Troia-Ausgräber Front. Ohne jemals in Troia gewesen zu sein, vertrat er damals unter anderem in der Wochenschrift *Das Ausland* die These, die er über all die Jahre des Streites vehement verteidigte und letztlich nie aufgab, Schliemann habe auf dem Ruinenhügel keine Siedlung, sondern eine »Feuernekropole«, also ein Gräberfeld, entdeckt. Darüber hinaus warf er Schliemann und seinem Architekten Wilhelm Dörpfeld Manipulationen an den Befunden, ja sogar Fälschung vor.

> Ernst Boetticher, geboren 1842, trat recht früh, nämlich bereits 1860, als Offizier-Aspirant in die Preußische Armee ein. Er kämpfte 1866 im Deutschen Krieg und 1871 im Deutsch-Französischen Krieg, quittierte dann aber 1876 als Kriegsinvalide im Alter von nur 34 Jahren den Dienst und erhielt fortan eine Pension. Nach der Militärzeit betrieb er Studien an der Berliner Universität, unter anderem in Politik und Geschichte, Nationalökonomie und Philosophie sowie schließlich auch in Archäologie. Seine Mitgliedschaft in der *Berliner Gesellschaft für Anthropologie, Ethnologie und Urgeschichte* in der Zeit von 1885 bis 1889 – deren Ehrenmitglied Schliemann übrigens seit 1881 war – darf gewiss als Zeugnis seines archäologischen Interesses gewertet werden. Boettichers publizistische Tätigkeit begann in den frühen achtziger Jahren und war in der Folge recht vielfältig. Sie reichte von archäologischen, kunsthistorischen, ethnographischen und politischen Arbeiten bis hin zu Veröffentlichungen über die Praxis der damals aufkommenden und stark diskutierten Feuerbestattung. Spätestens ab dem Jahr 1882 lässt sich sein Interesse an Schliemanns Grabungen auf Hisarlık nachweisen. Boetticher starb 1930 in Blankenburg.

Schliemann wurde im Januar 1884 durch einen Bekannten, der ihm einen von Boettichers Artikeln aus der *Kölnischen Zeitung* zusandte, auf die harsche öffentliche Kritik und die Anschuldigungen des Hauptmanns aufmerksam gemacht. Daraufhin verbrachte er mehrere unruhige Nächte und setzte dann alle Hebel in Bewegung, Boettichers »wahnsinnige Theorien« (BW Virchow, 392) zu widerlegen. Warnungen und Ratschlägen von Freunden, am besten gar nicht auf die Anwürfe zu reagieren, da damit die Angelegenheit schnell vergessen sein würde, folgte er nicht. Er forderte wiederholt nicht nur Virchow, sondern auch Dörpfeld auf, eine Antwort auf die Angriffe des »Lügners u Wortverdrehers« (BW Meyer II, 194) in einschlägigen Zeitschriften und Tageszeitungen zu publizieren. Er selbst äußerte sich zu Boettichers Thesen erst auf dem in Breslau stattfindenden Kongress der *Deutschen Gesellschaft für Anthropologie, Ethnologie und Urgeschichte* im August 1884.

Die daraufhin öffentlich in Tageszeitungen und Wochenschriften geführte Debatte zwischen den ›Kombattanten‹ erregte auch die Aufmerksamkeit der internationalen Forschung – sie weitete sich Anfang 1885 nach Frankreich und England aus. Beide Kontrahenten brachten dabei ihre ›Sekundanten‹ in Stellung. In den folgenden Jahren plätscherte der Disput dahin und nahm erst wieder im Jahr 1889 Fahrt auf; er gipfelte in der sogenannten ›Ersten Troiakonferenz‹ bzw. ›Ersten Hisarlık-Konferenz‹, die im Dezember desselben Jahres stattfand. Es war Dörpfeld, der Schliemann im Sommer den Vorschlag unterbreitete, Boetticher nach Troia einzuladen, um damit den »Schmähschreiber«, wie Schliemann ihn und viele seiner Gegner titulierte, endlich zum Einlenken zu bringen. Dörpfeld forderte Boetticher nicht nur persönlich, sondern auch in einem Zeitungsbericht, der im August in der in Berlin erscheinenden *Nationalzeitung* veröffentlicht wurde, dazu auf, sich die Ruinen gemeinsam mit ihm anzusehen. Die Kontrahenten einigten sich auf die Modalitäten der Reise und kamen überein, an dem Treffen in Troia unabhängige Experten zu beteiligen. Vom 1. bis 6. Dezember 1889 fand schließlich die erste von zwei Troiakonferenzen statt. Das Ergebnis dieser Zusammenkunft stellte für Schliemann und Dörpfeld lediglich einen Teilerfolg dar: Zum einen reiste Boetticher vor Ende der Konferenz wieder ab; zum anderen nahm er zwar den Fälschungsvorwurf zurück, aber nicht seine Deutung, es handele sich in Troia um einen Bestattungsplatz. Schon kurze Zeit nach der Konferenz legte der Hauptmann a. D. in mindestens zehn deutschsprachigen Zeitungen erneut seinen Standpunkt dar und bezeichnete die Interpretation Schliemanns und Dörpfelds als falsch. Kurz zuvor, am 13. Dezember 1889, hatten die beiden zur Konferenz geladenen ›Unparteiischen‹ eine öffentliche Stellungnahme abgegeben. Darin bezeichneten der Architekt und Bauforscher George Niemann (1841–1912) und Major Bernhard Steffen (1844–1891), ein renommierter Kartograph, der unter anderem 1881/82 die Planaufnahme von Mykene durchgeführt hatte, Boettichers Beschuldigungen als unbegründet und hoben hervor, dass sich in Troia keine ›Feuernekropole‹ befunden habe. Die vorgefundenen Befunde und Funde auf Hisarlık könnten eindeutig als Belege einer Siedlung gedeutet werden.

Nachdem diese erste Konferenz Boetticher nicht zur Einsicht gebracht hatte, plante Schliemann, die Grabungen in Troia wieder aufzunehmen und eine zweite Konferenz zu veranstalten. Diese ›Zweite

Troiakonferenz‹ fand Ende März 1890 in Troia statt – dieses Mal jedoch ohne Boetticher, der gar nicht erst eingeladen war. Die offizielle Teilnehmerliste liest sich wie ein ›Who-is-Who‹ namhafter Altertumswissenschaftler: Neben Rudolf Virchow, Wilhelm Dörpfeld, Charles Waldstein, dem Direktor der *American School of Classical Studies* in Athen, Wilhelm Grempler (Arzt und Altertumsforscher), Osman Hamdi Bey, der von 1881 bis 1910 Direktor der *Kaiserlichen Osmanischen Museen* war, und Charles Babin, dem Delegierten der *Académie des Inscriptions et Belles-Lettres* in Paris, kamen auch Frank Calvert, der amerikanische Konsul und ausgewiesene Kenner der Troas, sowie der Pergamonausgräber Carl Humann und der bekannte Klassische Archäologe Friedrich von Duhn nach Troia. Erneut gelangten die Gelehrten zu der Erkenntnis, dass Troia definitiv keine ›Feuernekropole‹ und alle von Schliemann und Dörpfeld vorgelegten Ergebnisse korrekt seien. Und erneut verfasste man ein Protokoll, das von den Konferenzteilnehmern unterzeichnet und zur Publikation an verschiedene Zeitungen gegeben wurde.

Es ist nicht von der Hand zu weisen, dass der 2001 von dem Tübinger Althistoriker Frank Kolb begonnene Streit um die Deutung und Bedeutung Troias (→ Kap. 4) gewisse Parallelen mit der ›Schliemann-Boetticher‹-Kontroverse aufweist. Auch hier wurden die unterschiedlichen Auffassungen von Beginn an öffentlich diskutiert. Der Streit zwischen dem Althistoriker Kolb und dem damaligen Troia-Ausgräber Manfred Korfmann erlangte im Sommer 2001 große mediale Aufmerksamkeit. Grund dafür war einerseits die Art und Weise, wie Kolb seine Kritik vortrug: nicht im wissenschaftlichen Rahmen, sondern über ein Interview mit der *Berliner Morgenpost*. Andererseits entwickelte sich die Debatte zum Medienereignis, weil Troia und der Troianische Krieg weiten Teilen der Bevölkerung ein Begriff sind. Außer in allen großen deutschen Tages- und Wochenzeitungen war das Thema in dieser Zeit aufgrund der Lehrtätigkeit beider Kontrahenten an der Universität Tübingen auch in der regionalen Presse sehr präsent. Interessant ist, dass es auch medial zu einer Lagerbildung kam: So publizierte die Gruppe um Kolb vor allem in der *Süddeutschen Zeitung*, während der Korfmann-Gruppe die *Frankfurter Allgemeine Zeitung* als Medium diente. Das Thema blieb nicht auf Deutschland beschränkt, wie etwa Beiträge in der *Neuen Zürcher Zeitung*, der in London erscheinenden *Times* und der *New York Times* verdeutlichen. Seinen medialen Höhepunkt erreichte der Disput schließlich im Februar 2002, als an der Universität Tübingen eine Konferenz – vergleichbar den Troiakonferenzen des 19. Jahrhunderts – abgehalten wurde, auf der beide Seiten noch einmal ihre gegensätzlichen Auffassungen präsentierten. Erst kürzlich erschien eine polemisch gehaltene Generalabrechnung von Frank Kolb (2010) mit den vom Tübinger Troia-Projekt bislang vorgelegten Ergebnissen. Bis heute ist die »Battle of Troy«, wie die *Times* im Februar 2002 titelte, also nicht ausgestanden.

Doch auch dieses eindeutige Votum konnte Boetticher nicht stoppen. Im Sommer desselben Jahres erschien sein *Fünftes Sendschreiben* über Schliemanns Troia, in dem er noch einmal bekräftigte: »Hissarlik bleibt eine Feuernekropole« (Boetticher 1890, 115). Schliemann kommentierte die endlosen Angriffe in einem Brief an Virchow vom 19. Mai 1890 mit den Worten: »Boetticher wird fortrasen, bis er sich endlich eine Kugel durch den Kopf jagt« (BW Virchow, 543). Und damit hatte er nicht ganz unrecht, denn der Artilleriehauptmann a. D. zog auch weiter publizistisch gegen ihn und Dörpfeld zu Felde – sogar über den Tod des Troia-Ausgräbers hinaus. Noch 1911 erschien eine Publikation über Troia als Feuernekropole aus Boettichers Hand. Danach erlosch offenbar auch sein Interesse – kein Wunder. Denn einerseits lagen die letzten Grabungen in Troia, 1893 / 94 durchgeführt von Dörpfeld, fast zwanzig Jahre zurück. Andererseits fehlte mit Schliemann ein passender Gegenspieler. Denn ein wichtiger Grund für die jahrelang währende Debatte zwischen Boetticher und Schliemann lag darin, dass sich die Gegner in ihrem Verhalten ähnelten. Michaela Zavadil (2009, 117), die sich eingehend mit dem öffentlich ausgetragenen Zwist beschäftigt hat, resümierte: »Beiden war wohl eine gewisse Verbissenheit eigen, die ein Einlenken unmöglich machte; beide nutzten die Möglichkeiten, die ihnen die Presse und diverse Vereine boten, gründlich aus, um den Schlagabtausch in der Öffentlichkeit auszutragen«.

Schliemann privat

Auch für sein privates Umfeld war Schliemann kein einfacher Zeitgenosse. Dies zeigt besonders gut die Beziehung zu Rudolf Virchow. Schliemann hatte das erste Mal im Jahr 1875, als er während seiner Museumsreise durch Europa auch in Berlin Halt machte, zu dem damals bereits international bekannten Mediziner, Anthropologen und Prähistoriker Kontakt aufgenommen. Es war der viermalige britische Premierminister William E. Gladstone (→ Kap. 5), der Schliemann auf Virchow aufmerksam gemacht hatte. Ein Jahr später, am 15. August 1876, schrieb Schliemann seinen ersten uns bekannten Brief an Virchow und in den nächsten vierzehn Jahren entwickelte sich zwischen den beiden ein reger Briefwechsel, der insgesamt mehrere hundert Briefe umfasste. Virchow reagierte auf Schliemanns Annäherung anfangs zurückhaltend – erst ab 1879, als er im April / Mai das erste Mal bei Schliemann in Troia weilte, wurde die Verbindung der beiden enger.

Nach dieser Reise redete Virchow Schliemann erstmals mit »Hochver-ehrter Freund« an.

Die Beziehung der beiden recht unterschiedlichen Männer – hier der rastlose und aufbrausende Selfmademan, dort der hoch angesehene und besonnene Gelehrte – beschränkte sich nicht nur auf das Wissenschaft-liche. Recht schnell entwickelte sich eine persönliche Freundschaft, die auch die Familien der beiden einbezog. Darüber hinaus avancierte Virchow quasi zum ›Leibarzt‹ der Schliemanns; intimste Details – auch über das Liebesleben der Eheleute Schliemann – finden sich in dem Briefwechsel.

Wie bereits erwähnt, war es Virchow, der Schliemann dazu veran-lasste, seine Troia-Sammlung nach Berlin zu schicken und dem deut-schen Volk zu schenken (→ Kap. 2). Virchow war es auch, der Schlie-mann bei den skeptischen deutschen Gelehrten ›salonfähig‹ machte. Er verlas regelmäßig vor der *Berliner Gesellschaft für Anthropologie, Ethnologie und Urgeschichte* (BAG) die von Schliemann eingesandten Berichte aus Troia, Mykene, Tiryns, Orchomenos oder von anderen sei-ner zahlreichen Projekte und Reisen. Darüber hinaus sorgte er dafür, dass der Troia-Ausgräber nicht nur zum Ehrenmitglied der *Deutschen Gesellschaft für Anthropologie, Ethnologie und Urgeschichte* (1877) und der BAG (1881), sondern auch zum Ehrenbürger der Stadt Berlin er-nannt wurde. In Virchow hatte Schliemann also nicht nur einen persön-lichen Freund, sondern zugleich einen Förderer auf archäologischem Gebiet gefunden. Für Virchow bot die Beziehung zu Schliemann wiede-rum die Möglichkeit, seine urgeschichtlichen, anthropologischen und naturwissenschaftlichen Interessen zu vertiefen. In Troia war es ihm etwa möglich, unter anderem Untersuchungen zur Flora anzustellen, die von Schliemann in Mykene ausgegrabenen Skelettreste konnte er für seine anthropologischen Analysen heranziehen. Beide Männer pro-fitierten also voneinander – Schliemann dabei sicherlich mehr als Vir-chow – und beide gaben der noch jungen Ur- und Frühgeschichtswis-senschaft entscheidende Impulse.

Die enge Freundschaft der beiden wurde allerdings durch eine Ba-gatelle auf eine äußerst harte Probe gestellt. Anfang August 1885 fand in Karlsruhe der *16. Deutsche Anthropologenkongress* statt, auf dem Schliemann der Ehrengast war. Bereits am Vorabend des sogenannten ›Schliemanntages‹, an dem der Geehrte einen Vortrag über seine neues-ten Ausgrabungen in Tiryns hielt, wurde er von den anwesenden Gästen gefeiert:

> Heinrich Schliemann wurde schon am Vorabend seines Sieges aufs Capitol geführt. Bei dem obligaten Bankett, welches in der Regel den ersten Congreßtag beschließt, krönten die Karlsruher Bewunderer den Mann der ›Wissenschaft des Spatens‹ mit einem Lorbeerkranze, worauf Schliemann gerührt dankte. Am folgenden Tage, 7. August, erschien der Entdecker von Troja und Tiryns zwischen zwei großen Plankarten auf der Rednerbühne des Congresses, um uns die Fortsetzung seines Breslauer Vortrages und seiner Ausgrabungen in Tiryns frei vorzutragen. (AAZ, 1. September 1885, Beil.)

Das in diesem Zitat aus der Augsburger *Allgemeinen Zeitung* angesprochene Bankett war der Auslöser des Bruches mit Virchow. Schliemann war, wie wir aus einem Brief an Virchow vom 13. August 1885 wissen, mit der Sitzordnung nicht einverstanden. Er empfand es als Affront, nicht neben Virchows Frau sitzen zu dürfen, und gab dafür seinem Freund die Schuld. Mit drastischen Worten kündigte er die Freundschaft auf: »Sie haben somit unsere Freundschaft auf mutwillige, gewaltsame Weise gebrochen. Alles, was meiner Frau und mir somit zu tun übrig bleibt, ist, für dies Leben Abschied von Ihnen zu nehmen« (BW Virchow, 458). Virchows Antwort nur wenige Tage später fiel ebenfalls deutlich aus:

> Verehrter Freund,
> ich beginne meinen Brief trotz Ihres Schreibens in gewohnter Weise, und wenn es der letzte sein sollte, den ich an Sie schreibe, so sollen Sie doch nicht den Eindruck haben, als sähe ich Sie mit anderen Empfindungen an, als sonst.
> Wie ist es möglich, daß Sie aus einer solchen Mücke einen Elephanten erziehen! [...]
> Sie sind ein mißtrauscher Mensch und Sie haben mir diesmal nicht zum ersten Mal Böses zugetraut. Aber ich nehme es Ihnen diesmal mehr übel, weil Sie mich geradezu für einen Toren gehalten haben. Es soll mich das nicht abhalten, mit dankbarem Herzen der vielen angenehmen und lehrreichen Tage zu gedenken, die ich mit Ihnen zugebracht habe, und Sie können darauf rechnen, daß ich Ihnen gern wieder dienen werde, wo es nötig ist. Indes empfinde ich, daß dieses Bedürfnis bei Ihnen immer kleiner wird, je mehr die Welt Sie schätzen lernt. Ich sage Ihnen also in meinem und meiner Frau Namen ein freundliches Lebewohl. (BW Virchow, 459 f.)

Für knapp ein Jahr kam es zum völligen Bruch. Es war schließlich Schliemann, der im Juni 1886 wieder den Kontakt suchte. Es sollte aber nochmals mehrere Monate dauern, ehe so etwas wie ›Normalität‹ in die Freundschaft zurückkehrte. Sophia Schliemann sah sich im April 1887 gezwungen, in den Konflikt der beiden Männer einzugreifen. Auch sie litt offenbar unter dem Zerwürfnis. Sie bat Virchow, die frühere Freundschaft wieder herzustellen, »denn mir ist Ihre Feindschaft unerträglich« (BW Virchow, 465). Tatsächlich kam es wieder zu einer Annäherung der beiden Freunde. 1888 unternahmen sie gemeinsam eine Nilreise, zu der Schliemann Virchow eingeladen hatte. Eine gewisse Distanz zwischen ihnen blieb jedoch bis zu Schliemanns Tod bestehen. Allerdings zeugt Virchows Rede anlässlich der Gedächtnisfeier am 1. März 1891 sowie sein in der *Gartenlaube* abgedruckter und persönlich gehaltener Nachruf von der tiefen Verbundenheit der beiden ungleichen Freunde.

Literatur

J. Herrmann, Schliemann und Virchow – Begegnung von Geistes- und Naturwissenschaften. In: I. Gamer-Wallert (Hrsg.), Troia. Brücke zwischen Orient und Okzident (Tübingen 1992) 51 – 66.

F. Kolb, Tatort »Troia«. Geschichten, Mythen, Politik (München 2010).

M. Zavadil, Ein trojanischer Federkrieg. Die Auseinandersetzung zwischen Ernst Boetticher und Heinrich Schliemann. Veröffentlichungen der Mykenischen Kommission 29 (Wien 2009).

7

Schliemanns Erbe

Heinrich Schliemann gehört auch mehr als 120 Jahre nach seinem Tod zu den weltweit bekanntesten Archäologen. Er hat mit seinen Ausgrabungen und Entdeckungen nicht nur die Archäologie des 19. Jahrhunderts geprägt, sondern auch das Bild der Öffentlichkeit von der Archäologie bis heute stark beeinflusst: Archäologie wird als ›Wissenschaft des Spatens‹ verstanden und damit auf die Feldarchäologie reduziert. Das Bild des ›grabenden Wissenschaftlers‹ wurzelt also im 19. Jahrhundert und ist eng mit den Ausgrabungstätigkeiten Schliemanns verbunden. In seinen Artikeln und Berichten, genauso wie in seinen Büchern, gelang es ihm nicht nur, sich und seine Arbeit bekannt zu machen und zu inszenieren, sondern auch eine ganze Disziplin zu prägen. Auf seine recht plastische Erzählweise wurde bereits in Kapitel 5 hingewiesen.

Im Folgenden werden verschiedene Aspekte des Schliemann'schen Erbes angesprochen. Es wird zum einen darum gehen, die Traditionslinie des schon mehrmals skizzierten populären Bildes von der Archäologie nachzuzeichnen. In diesem Zusammenhang möchte ich auch auf den ersten Biographen Schliemanns, Emil Ludwig, näher eingehen. Während seine in Teilen durchaus kritische Biographie heute noch allenthalben gelobt wird, bleibt der Autor Ludwig in der Diskussion meist unbeachtet. Nicht ausbleiben kann darüber hinaus ein Blick auf die kritische Schliemannforschung, die den ›Mythos Schliemann‹ – zumindest innerhalb der Archäologie – dekonstruierte. Außerdem soll anhand einiger aktueller Beispiele aus den Medien Schliemanns heutige Bedeutung für das Phänomen ›Archäologie‹ beschrieben werden, bevor abschließend ein Blick auf die zwei wichtigsten Orte der Schliemannforschung geworfen wird: Ankershagen und Athen.

Schliemanns erster Biograph: Emil Ludwig

Die erste Schliemann-Biographie verfasste der deutsch-jüdische Schriftsteller Emil Ludwig (1881–1948). Bereits 1925 trat Schliemanns Familie mit der Bitte an ihn heran, eine Biographie über den berühmten

Forscher – Ehemann und Vater – zu schreiben. Aufmerksam geworden waren sie auf Ludwig durch seine auch im Ausland populären und viel gelesenen Werke über Goethe (1920), Napoleon (1924), Wilhelm II. (1925) und Bismarck (1926). Ludwig war damals einer der prominentesten Vertreter der sogenannten ›Historischen Belletristik‹, einer nach dem Ersten Weltkrieg beim Publikum äußerst beliebten literarischen Gattung. Seine Schliemann-Biographie erschien 1931 – zuerst auf Englisch, ein Jahr später dann auch auf Deutsch unter dem Titel *Schliemann. Geschichte eines Goldsuchers* (*Schliemann. The Story of a Goldseeker*). Zu diesem Zeitpunkt hatte Ludwig Deutschland bereits den Rücken gekehrt, 1932 wurde er Schweizer Staatsbürger.

Der 1881 geborene Ludwig, Sohn des bekannten Breslauer Mediziners Hermann Cohn – er nahm in den 1880er Jahren den Namen Ludwig an –, hatte als einziger von Schliemanns Biographen diesen noch persönlich kennengelernt. Als Kind hatte er dem Troia-Ausgräber im elterlichen Heim die Hand geschüttelt. Darüber hinaus kam er auch in späteren Jahren immer wieder mit Troia und seinem Ausgräber in Kontakt, etwa bei einem Besuch des Berliner Museums, als er sich den ›Schatz des Priamos‹ anschaute, oder während des Ersten Weltkrieges: 1915 weilte er als Kriegsberichterstatter an den Dardanellen und nutzte die Gelegenheit, Hisarlık aufzusuchen.

Ludwig, promovierter Jurist, begann um 1906 mit der Schriftstellerei und versuchte sich zuerst an historischen Dramen, ehe er 1914 Journalist beim *Berliner Tageblatt* wurde. Den Durchbruch als Schriftsteller schaffte er nach dem Ersten Weltkrieg mit einer zweibändigen Goethe-Biographie, der sich in den folgenden Jahren weitere Biographien anschlossen. Als Ludwig von Sophia Schliemann Mitte der 1920er Jahre aufgefordert wurde, eine Schliemann-Biographie zu verfassen, war er bereits weltberühmt. Seine Werke waren aufgrund seines flüssigen und eingängigen Stils bei den Lesern sehr beliebt und erzielten außerordentlich hohe Auflagen: Ludwig beherrschte sein Genre wie kein anderer und setzte in seinen Biographien vor allem auf Verdichtung und Dramatisierung der Ereignisse. Es ging ihm also nicht darum, Geschichte bzw. eine wissenschaftlich fundierte Biographie zu schreiben und damit etwa der Fachwelt neue Quellen vorzulegen; in seinen Büchern – auch in der Schliemann-Biographie – fehlen daher auch die üblichen Quellenangaben, da sie, so Ludwig, die »Frische jeder Darstellung zerstören« (Ludwig, 27). Sein Ziel war es vielmehr, anhand des vorhandenen Quellenmaterials die Innenwelt seiner Protagonisten abzubilden. In einem Essay aus dem Jahr 1936 hat er seine Vorstellung von einem guten Biographen

folgendermaßen ausgedrückt: »Der Forscher findet, der Romancier er-
findet, der Biograph empfindet« (Ludwig 1936, 142). Seine Biographien
stellen zweifellos Psychogramme der beschriebenen Personen dar.

Das trifft auch auf die Biographie über Heinrich Schliemann zu.
Entgegen seiner bisherigen Vorgehensweise konnte Ludwig allerdings
nicht auf bereits publizierte Quellen zurückgreifen. Er musste dieses
Mal den Nachlass selbst sichten und sich durch das »Chaos von Papier«
arbeiten, das er vorfand (Ludwig, 25). Heraus kam eine Biographie, die
als Leitmotiv in Schliemanns Leben – worauf ja auch der Untertitel des
Buches hinweist – die Suche nach Gold und damit den Abenteurer in
den Vordergrund rückte. Ludwig bediente also das Klischee des gold-
suchenden und glücklichen Entdeckers, dessen Ziel es seit Kindertagen
gewesen war, Troia auszugraben.

Trotz Ludwigs gleichsam hagiographischer Darstellung seines Protagonisten – »Schliemann ist ein großes Beispiel für unsere heute wieder umstrittene These, daß der erleuchtete Liebhaber den gründlichen
Fachmann besiegt« (Ludwig, 30) –, verschweigt er nicht die Schwächen
seines Hauptdarstellers und dessen zwiespältigen Charakter. Er verweist
immer wieder auf Schliemanns Drang zur Selbstdarstellung, auf sein
unablässiges Bemühen, sich und seine Leistungen ins rechte Licht zu
rücken (z. B. ebd. 25; 233 f.), seine monomane Natur, die die »Grenzen des Normalen« übersteige (ebd. 49), seinen »Glauben an Homer«
(z. B. ebd. 139; 141) oder ganz generell auf Schliemanns Naivität (z. B.
ebd. 109; 206). Diese und andere für Schliemann wenig schmeichelhafte
Hinweise – etwa die ausführliche Darstellung seiner zerrütteten ersten
Ehe (ebd. 94 ff.; 123 ff.; 134 f.) – wurden von dessen Weggenossen, unter anderem von Wilhelm Dörpfeld, beanstandet. Sie sahen in Ludwigs
Biographie einen Affront, da sie den Heros in ein widersprüchliches
Licht rückte. Auch die Familie distanzierte sich von dem Biographen.
Sie sah Schliemanns Leistungen für die Archäologie durch die starke
Betonung des Goldsucher-Motivs herabgesetzt.

Ludwigs populärwissenschaftliche Biographie, rund vierzig Jahre
nach dem Tod des berühmten Ausgräbers entstanden, steht am Beginn
der Schliemannforschung. Kannte man bis dato nur Schliemanns autobiographische Ausführungen und wohlwollende Erzählungen der
Familie sowie von Freunden und Bekannten, markierte die erste Lebensbeschreibung eine Wende: Bislang unbekannte Quellen aus dem
Schliemann'schen Nachlass konnten eingesehen und veröffentlicht werden und ermöglichten erstmals eine neue Sicht auf eine Person, von der
man bereits alles zu wissen glaubte.

Mythos Schliemann

Es wurde schon mehrmals in diesem Buch darauf hingewiesen, dass Schliemann ein sehr großes Talent besaß, sich und seine Arbeit bekannt zu machen und zu inszenieren. Die heute bekannten Topoi vom Archäologen als ›grabendem Schatzsucher‹, ›Abenteurer‹ und ›Held‹ gehen unzweifelhaft auf ihn zurück (→ Kap. 5) und waren schon zu seinen Lebzeiten ganz eng mit seinem Namen verbunden. So lesen wir in der zeitgenössischen Presse immer wieder von Schliemann als »Mann der ›Wissenschaft des Spatens‹« (AAZ, 1. September 1885, Beil.) oder als Entdecker, »der durch die ›Wissenschaft des Spatens‹ die lange verborgenen Wunder des grauesten Alterthums aus dem Schutt der Jahrtausende hervorgezaubert hat« (IZ, 31. Juli 1886). Und in einem Nachruf in der *Neuen Würzburger Zeitung* vom 5. Januar 1891 wurde dem »unermüdlichen Forscher mit Spitzhaue und Spaten, dem die Welt die größten archäologischen Entdeckungen der Neuzeit verdankt«, gehuldigt. Er glich, so liest man weiter, einem »Hexenmeister, der tief in der Erde verborgene Schätze erspäht und sie zu heben weiß«.

Von entscheidender Bedeutung für die Tradierung der hier angesprochenen Archäologiebilder war neben Emil Ludwigs Biographie zweifellos die Sachbuchliteratur nach dem Zweiten Weltkrieg. Allen voran ist hier das 1949 erstmals erschienene Buch *Götter, Gräber und Gelehrte* von C. W. Ceram – mit bürgerlichem Namen Kurt W. Marek (1915–1972) – zu nennen. Es war und ist mit einer Gesamtauflage von rund fünf Millionen Exemplaren in 28 Sprachen immer noch ungemein populär.

In der Einleitung zu seinem Buch stellt Ceram fest, dass es ihn erstaune, dass bisher kaum einmal der Versuch gemacht worden sei, die ›Abenteuer‹ der Archäologie zu erzählen. Die Archäologie, in der sich seiner Meinung nach »Abenteuer und Stubenfleiß, romantischer Aufbruch und geistige Selbstbescheidung paarten« (Ceram 1949, 13), friste ein Mauerblümchendasein. Daher betrachte er es als seine Aufgabe, diese Wissenschaft und ihre Forscher zum Gegenstand seines Buches zu machen, wobei die innere Spannung und Dramatik des Faches wie seiner Protagonisten sichtbar gemacht werden müssten. In Cerams Buch geht es daher in der Hauptsache um das ›Suchen und Finden‹, kurz: um die Entdeckung. Im Zentrum seines »Tatsachenromans«, wie er sein Buch selbst charakterisierte, stehen berühmte Archäologen – allen voran Schliemann – und ihre Entdeckungen, wobei jeweils der Entdeckungsprozess im Mittelpunkt der Darstellung steht. Der Leser soll mit dem Forscher mitfühlen, ja mitleiden, und sich mit ihm und seiner

Geschichte identifizieren – damit knüpfte Ceram letztlich an das erfolgreiche psychologische Konzept von Ludwig bzw. der Historischen Belletristik im Allgemeinen an.

Die Parallelen sind offensichtlich: Bei Ceram erscheint der Archäologe im Augenblick der Entdeckung als eine Art ›Erlöser‹, der die großen historischen und archäologischen Mysterien enträtselt. Der Autor entwarf das Bild einer sagenhaften und geheimnisvollen Vergangenheit voll prächtiger Schätze und spann damit die bereits bei Schliemann angelegten Bilder des Archäologen als Ausgräber und Entdecker, Abenteurer und Held weiter.

Dekonstruktion eines Mythos

Es mag erstaunen, dass es nach Schliemanns Tod mehr als achtzig Jahre dauerte, bis eine quellenkritisch akzeptable Auseinandersetzung mit ihm und seinem Werk einsetzte. Denn immerhin waren bis zum Jahr 1972, als William M. Calder III seinen berühmten ›Mitternachtsvortrag‹ hielt und damit die Entmythisierung des populärsten deutschen Archäologen einläutete, bereits mehrere Biographien, Briefeditionen und zahlreiche Beiträge über Schliemann erschienen.

Calders quellenkritisch vorbildliche Arbeit war damals in zweierlei Hinsicht revolutionär: Er war nicht nur der erste, der zeigte, dass der archäologische Laie nicht der war, der er in seinen zahlreichen Tagebüchern, Briefen und wissenschaftlichen Publikationen vorgab zu sein; für weit mehr Furore sorgte sein Schluss, man könne nicht umhin, Schliemann als ›pathologischen Lügner‹ zu bezeichnen. Damit trat er eine Lawine los, die die Schliemannforschung grundlegend veränderte und erneuerte.

Es war in der Folge besonders David A. Traill, der in den achtziger Jahren Schliemanns Selbstzeugnisse auf ›Herz und Nieren‹ prüfte und weitere Phantastereien und Unwahrheiten ans Licht brachte. Zunehmend gab es jedoch Kritik an Traills Vorgehen, das als zu einseitig – lediglich auf die Bloßstellung Schliemanns ausgerichtet – betrachtet wurde; einige Forscher warfen Traill eine regelrechte Obsession vor. Zu ihnen gehörte auch Donald F. Easton, der sich mit Traill in den achtziger und neunziger Jahren des 20. Jahrhunderts in zahlreichen Beiträgen einen erbitterten, aber fairen ›Kampf‹ um Schliemanns Glaubwürdigkeit lieferte. Seine Lesart der Selbstzeugnisse war eine andere: Er wies in seinen Publikationen immer wieder darauf hin, dass Unstimmigkeiten in den Quellen einerseits nicht zwangsläufig auf pathologische Lügenhaftigkeit hinweisen müssten, und dass andererseits diese recht einseitige Deutung Schliemanns fraglos zwiespältigem Charakter nicht gerecht würde. Anstatt sich in Details zu verrennen, sei es wichtiger, alle Zeugnisse in den Blick zu nehmen und differenzierter zu urteilen.

Dass wir heute deutlich mehr über Schliemann wissen, verdanken wir also der kritischen Schliemannforschung. Die Beschäftigung mit den schriftlichen Zeugnissen des archäologischen Pioniers, das haben die Arbeiten seit den siebziger Jahren des 20. Jahrhunderts unmissverständlich gezeigt, bedarf eingehender Quellenkritik und einer gewissen Skepsis gegenüber Schliemanns eigenen Aussagen. Der Mythos, an dem er selbst schon zu seinen Lebzeiten arbeitete und an dem auch seine frühen Biographen und die Populärliteratur nach seinem Tod – wissentlich oder unwissentlich – strickten, wurde mit den Arbeiten der beiden Amerikaner Calder und Traill dekonstruiert: Der Heros wurde vom Sockel gestoßen und in ein völlig neues Licht gerückt. Sie und andere konnten anhand eines intensiven Quellenstudiums und einer kritischen Betrachtung der Schliemann'schen Selbstzeugnisse zeigen, dass er das eine oder andere Mal seine Leistungen und Taten in einer phantastischen Art und Weise ausschmückte und in Einzelfällen sogar bewusst fälschte. Seine Glaubwürdigkeit ist seitdem fundamental beschädigt und vieles von dem, was er geschrieben hat, wurde seit Calder und Traill einer kritischen Neulektüre unterzogen.

Dass sich die Forschung seit Anfang der neunziger Jahre nur noch vereinzelt mit Schliemann beschäftigte, hat verschiedene Gründe. Zum einen ging nach den großen Schliemann-Konferenzen im Jubiläumsjahr 1990 das Interesse an ihm mehr und mehr zurück. Zum anderen wandte man sich ab 1992 wieder vermehrt Troia zu. Damals gab das Moskauer *Puschkin-Museum* bekannt, dass sich der nach dem Zweiten Weltkrieg verschollene ›Schatz des Priamos‹ seit 1945 in einem Geheimdepot dieses Museums befand. Darüber hinaus fanden bereits seit 1988 wieder Grabungen auf dem gern als ›Schicksalsberg der Archäologie‹ bezeichneten Siedlungshügel unter der Leitung des Tübinger Prähistorikers Manfred Korfmann (1942–2005) statt. Das Forschungsinteresse galt somit fortan den neu- und wiederentdeckten Funden aus Troia.

Schliemann heute

Troia und Schliemann bzw. Schliemann und Troia werden heute zumeist in einem Atemzug genannt. Ähnliches gilt auch für Schliemann und die Archäologie: Sein Name steht – zumindest in der deutschen Öffentlichkeit – stellvertretend für eine ganze Disziplin. Das zeigt recht gut ein Blick in die deutsche Fernsehlandschaft.

Seit 1996 produziert beispielsweise das ZDF die archäologische Dokumentationsreihe *Schliemanns Erben*. Diese Reihe, die pro Folge jeweils ein archäologisches Thema behandelt, wird in unregelmäßigen Abständen und mit immer neuen Themen ausgestrahlt, und zwar auf dem prominenten Sendeplatz sonntags um 19.30 Uhr. Sie ist beim Publikum außerordentlich beliebt; glaubt man dem Sender, hat sie regelmäßig bis zu fünf Millionen Zuschauer. Im Zentrum der 45 Minuten langen Dokumentationen stehen zumeist aktuelle Forschungsprojekte vornehmlich deutscher Archäologen. Bei der Themenwahl gibt es weder eine zeitliche noch eine geographische Einschränkung. Die Sendungen handeln über das Ägypten der Pharaonenzeit, über Skythenkurgane in Sibirien, über den Bau von Pyramiden in Mittelamerika oder über römische Schlachtfelder in Deutschland. Damit decken sie einen beträchtlichen Teil des archäologischen Spektrums ab. Zugleich rücken sie die archäologische Feldarbeit in den Vordergrund und damit die Suche nach Funden in scheinbar detektivischer Kleinstarbeit, an deren Ende die glückliche Entdeckung steht.

Diese stereotype Darstellung von Archäologie mag den Archäologen häufig nicht behagen, sie befriedigt aber offenbar die Bedürfnisse der Gesellschaft, die sich durch die mediale Berichterstattung in ihrer im 19. Jahrhundert wurzelnden Vorstellung von Archäologie bestätigt sieht. Archäologie ist heute jedoch weit mehr als Feldarbeit. Das in den Medien vermittelte Wissen über die archäologischen Wissenschaften und die Vergangenheit entspricht daher nicht der Realität und dem gegenwärtigen Stand der Forschung.

Schliemanns Name steht nicht nur Pate für archäologische Fernsehdokumentationen, sein Leben und seine archäologische Arbeit wurden selbst schon zum Thema einer solchen Sendung. Im Winter 2007 / 2008 lief – ebenfalls im ZDF – eine sechsteilige TV-Serie mit dem Titel *Troja ist überall*. Diese porträtierte berühmte Archäologen bzw. auf archäologischem Gebiet arbeitende Pioniere des 19. und 20. Jahrhunderts. Da für die Serie kaum Photo- und kein Filmmaterial zur Illustration zur Verfügung stand, behalf man sich mit Schauspielern, die Schliemann, seine Frau, Rudolf Virchow und viele andere darstellten.

Gleich zu Beginn der Sendung wird der Zuschauer spielfilmartig in die Szenerie der Troia-Ausgrabung der 1870er Jahre ›mitgenommen‹, in eines der »spektakulärsten Abenteuer der Archäologie«, wie der Sprecher versichert. Selbstverständlich entdeckt Schliemann in diesem Film, untermalt von pathetischer Musik, in Troia den sogenannten ›Schatz des Priamos‹ und später dann in Mykene die ›Maske des Agamemnon‹. Die Darstellung beider Entdeckungen ist mitreißend inszeniert: Mit Tränen in den Augen streckt Schliemann die berühmte Goldmaske in den Himmel. Und auch die Inszenierung der Auffindung des ›Priamosschatzes‹ fußt zwar weitgehend auf Schliemanns eigenen, zur Theatralik neigenden Angaben, zeigt aber faktisch ein falsches Bild. Denn seine Frau, die in der Szene ihr rotes Umschlagetuch ablegt, um die Funde darin zu verstecken, war bekanntlich bei der Entdeckung gar nicht zugegen. Zwar stellt der Sprecher einige Zeit später dieses falsche Bild richtig und verweist kritisch auf Schliemanns Neigung, bestimmte Tatsachen zu verdrehen oder gar frei Erfundenes als wahr darzustellen, doch muss man sich fragen, warum der Film sich überhaupt darauf einlässt. Eine mögliche Antwort liegt wohl in der Logik der filmischen Erzählung. Denn die Auffindungsszene mit Sophia ist eine anrührende Geschichte und liefert wunderschöne, vor allem emotionale Bilder.

Dieses Beispiel zeigt, dass die Fernsehmacher wider besseres Wissen die Schliemann'sche Selbstinszenierung weitertragen. Sie zeigen dem Zuschauer ein Schliemannbild, das seit Jahren in der Forschung überholt ist: Schliemann als glücklicher Schatzsucher.

Troia als Erinnerungsort

Mit dem Namen ›Schliemann‹ ist – wie gesagt – immer auch Troia verbunden, so dass hier ein kurzer Blick auf den Erinnerungsort ›Troia‹ geworfen werden muss. Kaum ein anderer Ort ist so geschichtsträchtig und ruft auch heute noch so viele Assoziationen hervor. Schon an anderer Stelle in diesem Buch wurde darauf hingewiesen, dass sich – bedingt durch den in den Homerischen Epen geschilderten Troianischen Krieg – seit der Antike zahlreiche Mythen um die Lokalisierung des Ortes rankten. Spätestens seit der Etablierung der Homerphilologie gegen Mitte des 18. Jahrhunderts rückte die Suche nach dem historischen Ort immer mehr in den Vordergrund. Es war schließlich Heinrich Schliemann, der – zwar nicht als erster, aber doch als vehementester Vertreter – den Hügel Hisarlık mit dem bei Homer beschriebenen sagenhaften Troia gleichsetzte.

Troia ist seit Jahrtausenden Teil des kulturellen Gedächtnisses. Als Erinnerungsort vereint der Platz mehrere Aspekte auf sich, etwa das Homerische Epos, die antike Wiederbesiedlung des Ruinenplatzes, die

Suche nach dem realen Ort im 18./19. Jahrhundert, die durch die Ausgrabungen auf Hisarlık sicht- und für alle greifbar gemachten Mauern
sowie Schliemanns Medialisierung des homerischen Troia. Dass der
konkrete Platz Hisarlık zu allen Zeiten für ganz unterschiedliche Zwecke vereinnahmt wurde und somit oft neue Konnotationen erfuhr, muss
nicht weiter betont werden. Bereits in der Antike diente er als Ausgangs-
punkt einer fiktiven politischen Tradition.

Zu den genannten Aspekten gehören auch die heutige Ruinenstätte,
an der noch immer Ausgrabungen durch das deutsch-amerikanische
Troia-Projekt stattfinden, sowie ihr Umland, die Troas. Die über einhun-
dertjährige Ausgrabungsgeschichte mit mehr als dreißig systematisch
durchgeführten Grabungskampagnen seit Schliemann hat aus dem ehemaligen Siedlungshügel eine ›moderne‹ Ruine gemacht. Troia / Hisarlık
präsentiert sich seinen Besuchern heute als sichtbares, handgreifliches
und begehbares archäologisches Denkmal. Die durch die Ausgrabungen
hervorgerufene Konkretheit der Ruine macht es gewissermaßen möglich, auf den Wegen der ehemaligen Bewohner zu wandeln. Diese Be-
gehbarkeit vermittelt dem Besucher, der um die homerische Überlieferung weiß, das Gefühl, am authentischen Ort des Troianischen Krieges
zu stehen. Mit seinen zum Teil monumentalen Überresten regt der Ort
die sinnliche Wahrnehmung an und stimuliert Visionen des sagenum-
wobenen Geschehens: Wer wird nicht Achill vor Augen haben, der den
toten Hektor mit seinem Wagen um die Burg schleift? Wer fragt sich
nicht, wie die schöne Helena wohl ausgesehen haben mag? Wer sieht vor
seinem inneren Auge nicht den aus dem brennenden Troia fliehenden
Aeneas?

Seit Schliemanns vermeintlicher Entdeckung des mythischen Troia
sind die archäologischen Überreste von Hisarlık ohne das Homerische
Epos nicht mehr denkbar. Hisarlık als Troia ist so eng mit der Helden-
geschichte verbunden, dass man an Ort und Stelle kaum noch darüber
nachdenkt, ob das Epos tatsächlich ein historisches Geschehen wie-
dergibt und falls ja, ob es tatsächlich an diesem Ort stattgefunden hat.
Troia – sei es nun in den Versen Homers oder in Form des Ruinenhügels
Hisarlık – ist ein wirkmächtiger Platz, der zu allen Zeiten die Phantasie
beflügelt hat. Heute sind mit ihm als einem transnationalen Ort sehr
viele und sehr verschiedene Erinnerungen verknüpft.

Von Ankershagen nach Athen

Neben Troia sind es heute vor allem zwei Orte, an denen die Erinnerung an Schliemann wachgehalten wird bzw. an denen man auf seinen Spuren wandeln kann: das Dorf Ankershagen in Mecklenburg-Vorpommern sowie die griechische Metropole Athen.

Ankershagen ist heute ein Ortsteil einer Gemeinde am Nordrand des Müritz-Nationalparks, die 2010 in *Schliemanngemeinde Ankershagen* umbenannt wurde. Von 1823 bis 1831 verbrachte Schliemann hier einen Teil seiner Kindheit. Sein Vater Ernst Schliemann hatte dort eine Pfarrstelle angenommen und die Familie war im Mai 1823 von Neubukow nach Ankershagen gezogen. Das um die Mitte des 18. Jahrhunderts erbaute Pfarrhaus, in dem auch die Familie Schliemann wohnte, beherbergt heute das *Heinrich-Schliemann-Museum* (Abb. 16). 1980 war darin zunächst eine ehrenamtlich betriebene Gedenkstätte gegründet worden, die 1986 in ein hauptamtlich geleitetes Museum umgewandelt wurde. Nach der Wende und der Sanierung des denkmalgeschützten Fachwerkhauses in den Jahren 1996 und 1998 wurde eine inhaltlich neu konzipierte Dauerausstellung mit dem Titel »Heinrich Schliemann – Leben, Wirken und Gedenken« in den Räumen des Erdgeschosses eingerichtet. Das Museum zeigt neben Originalfundstücken aus Troia, die das Berliner *Museum für Vor- und Frühgeschichte* als Leihgaben zur Verfügung gestellt hat, auch einige Nachbildungen – etwa das berühmte Golddiadem aus dem ›Schatz des Priamos‹ – sowie zahlreiche Dokumente wie Briefe und Bücher.

Abb. 16: Ehemaliges Pfarrhaus von Ankershagen, heute Heinrich-Schliemann-Museum.

Ankershagen bietet jedoch nicht nur das Museum, das zugleich For-
schungsstätte ist – seit 2005 befinden sich hier mehrere tausend Faksi-
miles eines Teils der in Athen aufbewahrten Schliemann'schen Korrespondenz. Der Ort verfügt in mehrfacher Hinsicht über einen *genius
loci*, also eine mit Schliemann zusammenhängende besondere Atmo-
sphäre. Zahlreiche der von Schliemann in seiner 1881 in *Ilios* veröffentlichten Autobiographie beschriebenen Örtlichkeiten seiner Kindheit
in Ankershagen und Umgebung kann man noch heute besichtigen, so
beispielsweise die dem Pfarrhaus benachbarte Kirche aus dem 13. Jahrhundert, das im Ort befindliche Hügelgrab ›Goldene Wiege‹ oder das
Ankershagener Schloss. Auch das Grab der 1831 verstorbenen Mutter,
Luise Schliemann, ist noch erhalten; es befindet sich auf dem Kirchhof
von Ankershagen. Schliemann ließ ihr zu Ehren im Jahr 1858 ein Grab-
kreuz errichten.

Ist Ankershagen also der Ort von Schliemanns Kindheit und St. Petersburg die Stelle seines geschäftlichen Aufstiegs, bildet Athen die Re-
sidenz seines zweiten, archäologischen Lebens. Als Schliemann 1869,
nach der Heirat mit Sophia, seinen Lebensmittelpunkt nach Athen ver-
legte, war die griechische Hauptstadt mit ihren weniger als 100 000 Einwohnern – gemessen an der heutigen Metropole mit rund 4 Millionen
Einwohnern – ein Dorf.

Ähnlich wie in Ankershagen finden sich auch im heutigen Athen
noch zahlreiche Spuren Schliemanns. Sein Wohnhaus in der Universitätsstraße – das *Iliou Melathron* – hat die vergangenen über einhundert Jahre weitgehend unbeschadet überdauert. Heute befindet sich
in seinen Räumen das *Numismatische Museum*; ein Besuch gewährt
einen recht eindrucksvollen Blick in das Haus mit seiner prachtvollen
Ausstattung. Weitere Spuren Schliemanns findet man auf dem zentralen Athener Friedhof, wo sein Grab mit dem von Ernst Ziller erbauten
Mausoleum liegt (zu beidem → Kap. 1).

Für die Wissenschaft ist vor allem der in Athen aufbewahrte Nachlass des Kaufmanns und Archäologen von besonderer Bedeutung. Die
Kinder Schliemanns hatten 1936 das gesamte schriftliche Erbe in die
Obhut der *Gennadius Library* der *American School of Classical Studies*
gegeben. Zugleich autorisierten sie Ernst Meyer (1888–1968), promovierter Archäologe und nach dem Ersten Weltkrieg Gymnasiallehrer in
Neustrelitz, den Nachlass wissenschaftlich zu bearbeiten und auszuwer-
ten. Er hatte bereits in den dreißiger Jahren einen Band mit Briefen an
und von Schliemann veröffentlicht und damit bei Schliemanns Kindern
Agamemnon und Andromache einen positiven Eindruck hinterlassen.

Meyer nutzte dieses Vorrecht damals so rigoros aus, dass bis 1962, als die Bibliothek den Nachlass schließlich ankaufte und damit die vollen Rechte erhielt, kein anderer Forscher die Dokumente einsehen oder gar bearbeiten durfte.

Meyer, der damals die Quellen so gut wie kein anderer kannte, veröffentlichte 1953 und 1958 zwei weitere Bände mit Briefen, schreckte dabei aber nicht vor – wenn auch markierten – Auslassungen ganzer Passagen zurück. Auch in seiner 1969 erschienenen, mit Fußnoten und Quellenangaben gespickten wissenschaftlichen Biographie *Heinrich Schliemann: Kaufmann und Forscher* verzichtete er auf eine kritische Bewertung der Selbstzeugnisse seines Helden.

Der Ankauf des Nachlasses durch die *Gennadius Library* und der daraus resultierende freie Zugang zu den Quellen bildete den Grundstein für neue Forschungen, die schließlich die kritische Schliemannforschung der siebziger Jahre ermöglichten, die das bis dahin gängige Bild von Heinrich Schliemann revidierte.

Ausblick

Heinrich Schliemann war und ist auch heute noch eine Reizfigur. Unser Wissen über ihn speist sich zu einem Großteil aus seinen Selbstzeugnissen. Diese wurden durch die hier bereits skizzierte Schliemannforschung einer kritischen Überprüfung unterzogen, so dass wir heute über ein differenziertes Bild verfügen. Doch Schliemann bietet mit seinem Leben, seinem Forschen und seinem Wirken nicht nur Stoff für archäologische und fachgeschichtliche Fragestellungen. Hinzu kommen viele andere Anknüpfungspunkte, etwa für medien-, wirtschafts-, wissenschafts- und kulturgeschichtliche Forschungen.

Abschließend sollen daher drei potenzielle Forschungsfelder kurz umrissen werden, die trotz der bald einhundertjährigen Schliemannforschung noch einer Analyse harren. Bis heute weitgehend unbeachtet und unerforscht ist etwa Schliemanns geschäftliche Korrespondenz. Aus wirtschaftshistorischer Sicht dürfte der Selfmademan ein interessantes Forschungsobjekt sein, schließlich schaffte er in kürzester Zeit den Aufstieg vom Handlungsgehilfen zum erfolgreichen – und skrupellosen – Kaufmann, der auch vor risikoreichen Geschäften nicht zurückschreckte. In kurzer Zeit häufte er ein Millionenvermögen an, mit dem er später seine Ausgrabungen finanzierte. Die Analyse seiner zahlreichen Geschäftsbeziehungen könnte gewiss weiteren Aufschluss über

Form, Struktur und Funktion geschäftlicher Verbindungen im 19. Jahrhundert geben – dies umso mehr, als Schliemann im zaristischen Russland lebte und von dort aus seinen weltweiten und äußerst gewinnbringenden Handel betrieb. Der Nachlass in Athen, der auch die gesamte geschäftliche Korrespondenz Schliemanns umfasst – unter anderem dreißig Geschäftsbücher aus der Zeit zwischen 1847 und 1866 sowie mehrere Kassenbücher –, bietet somit eine einmalige Gelegenheit, wirtschaftshistorischen Fragestellungen nachzugehen.

Auch die osmanischen Quellen zu Schliemanns archäologischer Arbeit wurden bisher weitgehend von der Forschung ignoriert. Alles, was wir über seine Beziehung zum Osmanischen Reich wissen, stammt entweder aus seiner eigenen Hand oder aus Quellen, die eine westliche Sicht wiedergeben und damit stark tendenziös sind. Die Erschließung osmanischer Dokumente dürfte zu einer differenzierten Sicht auf das Verhältnis zwischen osmanischer Regierung und Schliemann führen sowie möglicherweise bisherige Einsichten revidieren bzw. neue Erkenntnisse liefern.

In Kapitel 5 wurde bereits ausführlich darauf hingewiesen, dass die Archäologie vor allem ab der Mitte des 19. Jahrhunderts eine populäre Wissenschaft war, über die regelmäßig in den zeitgenössischen Tageszeitungen berichtet wurde. Obwohl diese Wissenschaft also seit dem 19. Jahrhundert in den Medien präsent war und heute mehr denn je ist, wurde die mediale Berichterstattung über archäologische Themen – und damit die wechselseitige Beziehung von Archäologie, Medien und Öffentlichkeit – von der Forschung bislang kaum beachtet. Das betrifft nicht allein die archäologische, sondern auch die medien- und die wissenschaftshistorische Seite. Dabei ermöglicht gerade die Auswertung der reichen publizistischen Quellen Einblicke in die Funktion der Presse für die Schaffung historisch-archäologischen Wissens. Untersuchungen der Presseberichterstattung lassen nicht allein neue Erkenntnisse zur medialen Präsentation wissenschaftlicher Entdeckungen des 19. Jahrhunderts erwarten, sondern auch zur Entwicklung und Etablierung der archäologischen Wissenschaften. Heinrich Schliemann stellt ein Paradebeispiel früher Wissenschaftspopularisierung dar; bereits mit Beginn seiner archäologischen Tätigkeit berichtete er ausführlich in den Zeitungen über den Fortgang seiner Grabungen. Seine ›PR-Offensive‹ veranschaulicht einerseits recht gut den Kampf um persönliche Anerkennung sowohl in der Gesellschaft als auch innerhalb der Wissenschaft; andererseits wurde gerade in der Debatte um das vermeintlich entdeckte Troia öffentlich um Methoden und Interpretationsansätze gerungen, die den Weg für die Ur- und Frühgeschichtliche Archäologie als

Wissenschaft ebneten. Für zukünftige Forschungen dürfte es also generell von Interesse sein, anhand der reichen publizistischen Quellenlage zu archäologischen Themen sowohl die Art und Weise der zeitspezifischen medialen Praktiken zu untersuchen als auch die Produktion, Distribution und Präsentation von wissenschaftlichem Wissen im Spiegel der Presseberichterstattung eingehender zu analysieren.

Heinrich Schliemann war eine schillernde Figur. Für die große Mehrheit des Publikums war er, wie Ernst Curtius in seiner Rede auf der Gedächtnisfeier zu Ehren Schliemanns im März 1891 formulierte, ein »Zauberer«, der mit einer »Wünschelruthe umherging und die Plätze zu finden wusste, wo in dunkler Tiefe die Goldschätze ruhten«; er habe, so Curtius, »nach und nach eine ganze Epoche alter Menschheitsgeschichte« entdeckt und das »Gedächtnis des Menschengeschlechts um viele Jahrhunderte erweitert« (Herrmann, 265). Heute, 120 Jahre nach seinem Tod, scheiden sich an Schliemann immer noch die Geister. Er bietet Stoff für weitere Diskussionen und Forschungen, die in Zukunft gewiss ihre Fortsetzung finden werden.

Literatur

W.M. Calder III, Apocolocyntosis. The Biographers and the Archaeologists. In: Ders. / J. Cobet (Hrsg.), Heinrich Schliemann nach hundert Jahren (Frankfurt a.M. 1990) 360–378.

J. Cobet, Troia – die Suche nach der »Stadt des Priamos«. In: E. Stein-Hölkeskamp / K.-J. Hölkeskamp (Hrsg.), Die griechische Welt. Erinnerungsorte der Antike (München 2010) 39–60.

E. Ludwig, Historie und Dichtung [1936]. In: B. Fetz / W. Hemecker (Hrsg.), Theorie der Biographie. Grundlagentexte und Kommentar (Berlin – New York 2011) 133–154.

S. Samida, Nach der Dekonstruktion. Perspektiven der Schliemannforschung heute. Mitteilungen aus dem Heinrich-Schliemann-Museum Ankershagen 9, 2011, 113–128.

S. Samida, Schliemanns Erbe? Populäre Bilder von Archäologie in der Öffentlichkeit. In: H.-J. Gehrke / M. Sénécheau (Hrsg.), Geschichte, Archäologie, Öffentlichkeit. Für einen neuen Dialog zwischen Wissenschaft und Medien (Bielefeld 2010) 31–48.

Anhang

Leben und Werk

1822	6. Januar: Johann Ludwig *Heinrich* Julius Schliemann wird als fünftes Kind von Luise, geb. Bürger, und Pastor Ernst Schliemann in Neubukow geboren
1823	Umzug der Familie nach Ankershagen; der Vater nimmt dort die Pastorenstelle an
1831	Tod der Mutter
1832	Heinrich lebt bei seinem Onkel in Kalkhorst
1833	Herbst: dreimonatiger Besuch des Gymnasiums in Neustrelitz
1834 – 1836	da der Vater das Schulgeld für das Gymnasium nicht bezahlen kann, Wechsel an die Realschule in Neustrelitz
1836 – 1841	Kaufmannslehre und Handelsgehilfe in Fürstenberg
1841	Schiffbruch auf der Überfahrt in die USA vor der holländischen Insel Texel
ab 1842	Kaufmannsjahre in Amsterdam, u. a. Handelsagent bei Schröder
1846 – 1864	Wohnsitz in St. Petersburg
1846	Gründung der Handelsniederlassung der Firma Schröder in St. Petersburg
1847	Gründung des eigenen Handelshauses in St. Petersburg; Annahme der russischen Staatsbürgerschaft
1850/51	erste Amerikareise (Kalifornien) anlässlich des Todes seines Bruders
1852	Heirat mit Jekaterina Petrowna Lyshina (1826 – 1896); aus der Ehe gehen drei Kinder hervor: Sergej (1855 – 1939), Natalia (1859 – 1869), Nadeschda (1861 – 1935)
1853 – 1856	Krimkrieg; Schliemann verdient vor allem mit dem Indigo-Handel ein Vermögen; er erlernt verschiedene Sprachen (u. a. Schwedisch, Polnisch, Neugriechisch, Altgriechisch und Latein)
1858/59	Reise durch Europa und u. a. nach Ägypten, Palästina, Syrien
1861 – 1864	Handelsrichter in St. Petersburg
ab 1861	Gewinne bei Geschäften während des Amerikanischen Bürgerkrieges
1864	Erhalt der erblichen Ehrenbürgerwürde Russlands; Liquidierung seines Handelshauses in St. Petersburg
1864 – 1866	Weltreise u. a. nach Asien (Japan und China)

1866	Wohnsitz in Paris
1867	sein Reisebericht *La Chine et le Japon au temps présent* erscheint
1867 / 68	zweite Reise nach Nordamerika und Kuba
1868	Mai – Juli: ›Archäologische‹ Reise über Italien nach Griechenland sowie erstmals in die Troas; Bekanntschaft mit Frank Calvert
1869	Buch *Ithaka* erscheint im Frühjahr
	März – Juli: dritte Reise in die USA; Annahme der amerikanischen Staatsbürgerschaft; Scheidung der ersten Ehe
	April: Promotion an der Universität Rostock *in absentia*
	September: Heirat mit der Griechin Sophia Engastromenos (1852 – 1932); aus der Ehe gehen zwei Kinder hervor: Andromache (1871 – 1962) und Agamemnon (1878 – 1954)
1870	April: erste Grabungen (ohne Lizenz) auf dem Ruinenhügel Hısarlık (Troia)
1871	Oktober / November: Grabungen in Troia
1872	April – August: Grabungen in Troia (Iliums Turm)
1873	Februar – Juni: Grabungen in Troia (31. Mai 1873: ›Schatz des Priamos‹)
1874	Buch *Troianische Alterthümer* erscheint Anfang des Jahres; kurze Grabungen in Mykene
1874 / 75	Streitigkeiten mit der türkischen Regierung um den ›Schatz des Priamos‹
1875	Oktober / November: Vortrags- und Museumsreise durch Europa (u. a. nach London, Kopenhagen, Stockholm, Rostock, Rom, Neapel); erstes Zusammentreffen mit Virchow; vereinzelte Grabungen in Italien (u. a. Alba Longa)
1876	13. Januar: Ehrenmitgliedschaft der *Society of Antiquaries* (London)
	August – Dezember: erste Grabungen in Tiryns und Mykene (›Maske des Agamemnon‹)
1877	Ehrenmitgliedschaft der *Deutschen Gesellschaft für Anthropologie, Ethnologie und Urgeschichte* (DAG)
	November: Troia-Sammlung im *South Kensington Museum* in London
	Dezember: Buch *Mykenae* erscheint
1878	August / September: Grabungen auf Ithaka
	Oktober / November: Grabungen in Troia
1879	März – Juni: Grabungen in Troia (erste Teilnahme R. Virchows an den Ausgrabungen)

1880	Buch *Ilios* erscheint im November (offizielles Erscheinungsdatum ist aber erst das Jahr 1881)
	November / Dezember: Grabungen in Orchomenos
1881	Januar: Troia-Sammlung in Berlin
	März / April: weitere Grabungen in Orchomenos
	16. April: Ehrenmitgliedschaft der *Berliner Gesellschaft für Anthropologie, Ethnologie und Urgeschichte* (BAG)
	Mai: Buch *Reise in der Troas* erscheint
	Sommer: Buch *Orchomenos* erscheint
	Sommer: Aufstellung der Troiafunde in Berlin
	7. Juli: Ehrenbürgerschaft Berlins
1882	7. Februar: Eröffnung der Troiaausstellung in Berlin (*Kunstgewerbemuseum*)
	März – Juli: Arbeiten in Troia (mit W. Dörpfeld)
1883	Anfang des Jahres: Suche nach den Gefallenen der Perserkriege an den Thermopylen; erste Pläne für Ausgrabungen auf Kreta
	13. Juni: Ehrendoktorwürde der *University of Oxford*
	ab Dezember: Hauptmann a. D. Ernst Boetticher beginnt mit seinen Vorwürfen gegen Schliemann
1884	Buch *Troja* erscheint
	Februar: Grabungen in Marathon
	März – Mai: Grabungen in Tiryns (mit Dörpfeld, der bis Juni weitergräbt)
1885	Juni: Überreichung der *Großen Goldenen Medaille für Kunst und Wissenschaft* durch Königin Victoria in London
	November: Buch *Tiryns* erscheint
1885 / 86	Reise nach Mittelamerika und Kuba
1886	Frühjahr: Grabungen in Orchomenos (mit Dörpfeld); Reise nach Kreta (Bemühungen um Ausgrabungen in Knossos schlagen fehl)
1886 / 87	Ägyptenreise
1888	Februar – April: zuerst Grabungen in Alexandria / Ägypten, dann erneut Reise durch Äygpten (zusammen mit Virchow)
1889	November: Grabungen in Troia
	Anfang Dezember: erste Hısarlik-Konferenz
1890	März – Juli: Grabungen in Troia (mit Virchow und Dörpfeld)
	Ende März: zweite Hısarlik-Konferenz
	Carl Schuchardts Buch *Schliemann's Ausgrabungen in Troja, Tiryns, Mykenä, Orchomenos, Ithaka im Lichte der heutigen Wissenschaft* erscheint

1891	13. November: Ohrenoperation in Halle
	26. Dezember: Tod in Neapel
1891	4. Januar: Beerdigung in Athen (Zentralfriedhof)
	1. März: Gedächtnisfeier in Berlin
	Buch *Bericht über die Ausgrabungen in Troja im Jahre 1890* erscheint postum
1892	*Selbstbiographie. Bis zu seinem Tode vervollständigt* erscheint
	Errichtung des von Ernst Ziller entworfenen Grabmonuments auf dem Athener Friedhof

Bücher

La Chine et le Japon au temps présent (Paris 1967).

Ithaka, der Peloponnes und Troja. Archäologische Forschungen (Leipzig 1869). [Zuerst auf Französisch publiziert: Paris 1869.]

Trojanische Alterthümer. Bericht über die Ausgrabungen in Troja (Leipzig 1874). [Zusätzlich: englische, amerikanische, französische und neugriechische Ausgabe.]

Atlas trojanischer Alterthümer. Photographische Berichte über die Ausgrabungen in Troja (Leipzig 1874).

Troia und seine Ruinen. Vortrag gehalten in der Aula der Universität Rostock den 17. August 1875 (Waren 1975). [Längerer Aufsatz als Separatdruck der Universität Rostock.]

Mykenae. Bericht über meine Forschungen und Entdeckungen in Mykenae und Tiryns (Leipzig 1878). [Zusätzlich: englische, amerikanische und französische Ausgabe.]

Ilios. Stadt und Land der Trojaner (Leipzig 1881). [Zusätzlich: englische und amerikanische Ausgabe.]

Reise in der Troas im Mai 1881 (Leipzig 1881).

Orchomenos. Bericht über meine Ausgrabungen im Böotischen Orchomenos (Leipzig 1881).

Troja: Ergebnisse meiner neuesten Ausgrabungen auf der Baustelle von Troja, in den Heldengräbern, Bunarbaschi und anderen Orten der Troas im Jahre 1882 (Leipzig 1884). [Zusätzlich: englische und amerikanische Ausgabe.]

Tiryns: Der prähistorische Palast der Könige von Tiryns. Ergebnisse der neuesten Ausgrabungen (Leipzig 1886). [Zusätzlich: englische, amerikanische und französische Ausgabe.]

Bericht über die Ausgrabungen in Troja im Jahre 1890 (Leipzig 1891).

Heinrich Schliemann's Selbstbiographie. Bis zu seinem Tode vervollständigt. Hrsg. von S. Schliemann (Leipzig 1892). [Unveränderter Nachdruck der ersten Ausgabe von 1892: Ankershagen 2000.]

Glossar

Akropolis: Auf einer Anhöhe gelegener und befestigter Zufluchtsort antiker griechischer Städte; auch: Burghügel.

Dilettant: Von lat. *delectare*, ›sich erfreuen‹, über ital. *dilettare*, ›Liebhaber‹, ›Laie‹. Schon früh abwertend für ›Nichtfachmann‹ im Sinne von ›Stümper‹ benutzt.

Epos: Der Begriff kommt aus dem Griechischen und meint so viel wie erzählende Dichtung, Heldengedicht. Als ›Homerische Epen‹ bezeichnet man beide Homer zugeschriebenen Werke, also sowohl die *Ilias* als auch die etwas später entstandene *Odyssee*.

Erinnerungsort: Ein von dem französischen Historiker Pierre Nora in den achtziger Jahren des 20. Jahrhunderts geprägter Begriff (*lieu de mémoire*). Nach Nora besitzt ein Erinnerungsort für eine Gruppe gleich dreifach Bedeutung: im materiellen, symbolischen und funktionalen Sinn. Er versteht darunter sowohl konkrete Orte wie z. B. Gedenkstätten, Gräber, Ruinen, Archive und Museen als auch Orte im metaphorischen Sinne – Orte also, an denen in der Tradition der antiken Mnemotechnik Erinnerung wachgehalten wird. Dazu zählen sowohl historisch reale als auch mythische Gestalten und Ereignisse, Denkmäler, Institutionen, Begriffe und Konzepte, Riten und Feste, Bücher, Photos, Kunstwerke und vieles mehr. Archäologische Erinnerungsorte können also neben sichtbaren Denkmälern – etwa Menhire, Megalithbauten aller Art, Grabhügel, Pyramiden oder Stadt-, Wall- und Grabenanlagen – auch ›Orte‹ im übertragenen Sinne sein, wie z. B. das Homerische Epos oder die Varusschlacht.

Ferman: Ganz generell: Erlass / Vollmacht in islamischen Ländern. Im Zusammenhang mit Ausgrabungen bezeichnet der Begriff die Grabungslizenz / -erlaubnis.

Graecophilie: Griechenfreundlichkeit.

Gymnasion: Trainingsstätte für antike Athleten (vor allem von Läufern, Speer- und Diskuswerfern).

Hexameter: Altgriechisches Versmaß, speziell für die Heldendichtung.

Historismus: Eine besonders in Deutschland während des 19. Jahrhunderts verbreitete Auffassung von Methoden, Zielen und Problemen der Geschichtswissenschaft. Die Vertreter dieser Schule begriffen Geschichte als ein von Individuen vorangetriebenes Geschehen und betonten zugleich die Einmaligkeit und Unwiederholbarkeit jeder historischen Situation. Zu den wichtigsten Vertretern des Historismus gehörte der Historiker Leopold von Ranke (1795 – 1886).

Historizität: Vom griech. *historía*, ›Forschung‹, ›Erzählung‹, ›Darstellung‹ abgeleiteter Begriff. Hier: historische Wahrhaftigkeit, Echtheit.

Hochkultur: Mit dem Begriff ›Hochkultur‹ verbindet man in aller Regel folgende Kriterien: technischer Fortschritt; landwirtschaftliche Überproduktion, also Produktion über den Bedarf hinaus; Vorhandensein von Märkten und

Geldwirtschaft; Schrift; soziale Differenzierung; Urbanität; Errichtung von Monumentalbauten; territoriale Ausdehnung und kulturelle Ausstrahlung ins Umland. Der Terminus ist aus zwei Gründen problematisch: Zum einen geht mit ihm eine Wertung einher; zum anderen vermag niemand zu sagen, welche Merkmale in konkreten Fällen zwingend notwendig und welche gegebenenfalls zu vernachlässigen sind.

Megaron: Vor allem im antiken Griechenland und Kleinasien weit verbreiteter Haustyp aus einem Hauptraum mit überdachter Vorhalle.

Metope: Teil des Frieses dorischer Tempel; reliefierte und / oder bemalte Platte (zumeist aus Stein) zwischen den Triglyphen (Steinplatten mit drei senkrechten Rillen, die abwechselnd mit den Metopen den Fries bilden).

Neuhumanismus: Geistesgeschichtliche Strömung in Deutschland (ab etwa 1750). Sie knüpfte an den Humanismus des 14.–16. Jahrhunderts an, mit dem die Wiederentdeckung und Pflege der griechischen und lateinischen Sprache, Literatur, Kunst und Wissenschaft einherging.

Palästra: Übungs- und Trainingsstätte der antiken Ring- und Faustkämpfer.

Pergamos / Pergamus: Ursprünglich ein Begriff für Burg oder Anhöhe; Homer bezeichnete mit diesem Begriff die königliche Burg von Troia.

Positivismus: Ein besonders im 19. Jahrhundert dominierendes Wissenschaftsverständnis, das sich strikt auf das empirisch Gegebene, d. h. auf durch Beobachtung wahrnehmbare Tatsachen, beschränkt.

Stratigraphie: Der Begriff stammt aus der Geologie und meint die zeitliche Abfolge von Schichten und Formationen. Analog wird in der Archäologie darunter die Abfolge von Kulturschichten verstanden.

Tell: Archäologischer Fachbegriff für ›Siedlungshügel‹, also einen über mehrere Jahrhunderte durch menschliche Siedeltätigkeit am gleichen Ort entstandenen Hügel.

Topos: Von griech. *tópos*, ›Raum‹, ›Stelle‹. Feste Wendung bzw. feststehendes Bild.

Quellen und weiterführende Literatur (Auswahl)

Aus den mit einem * gekennzeichneten Bänden / Artikeln wurde im Text zitiert. Die im Text verwendeten Kürzel sind fett hervorgehoben.

Unpublizierte Quellen

HSP: American School of Classical Studies at Athens, Gennadius Library Archives, Heinrich Schliemann Papers
B: Korrespondenz (eingehende Briefe an Schliemann)
BBB: Kopierbücher (ausgehende Briefe Schliemanns)

NL R. Virchow: Archiv der Berlin-Brandenburgischen Akademie der Wissenschaften, Nachlass Rudolf Virchow

Bei der Wiedergabe der Quellen wurden Orthographie und Zeichensetzung sowie verwendete Abkürzungen beibehalten und unverändert übernommen, das schließt z. B. falsche Schreibweisen mit ein. Beiden Archiven sowie Reinhard Witte, dem Leiter des Heinrich-Schliemann-Museums Ankershagen, bin ich für ihre Unterstützung sehr dankbar.

Brief- / Tagebuch-Editionen

Andree, C.: Über Griechenland und Troja, alte und junge Gelehrte, Ehefrauen und Kinder. Briefe von Rudolf Virchow und Heinrich Schliemann aus den Jahren 1877 – 1885 (Köln – Wien 1991).

Bölke, W.: Der Briefwechsel zwischen Heinrich Schliemann und dem Philologen Otto Keller. In: Vorträge anlässlich des internationalen Kolloquiums »Heinrich Schliemann zum 175. Geburtstag. Forschungsprobleme und neue Informationen über sein Leben und Werk« vom 4. bis 6. Juli 1997 in Waren (Müritz) an der Europäischen Akademie Mecklenburg-Vorpommern. Mitteilungen aus dem Heinrich-Schliemann-Museum Ankershagen 5 (Ankershagen 1997) 35 – 56.

*Buchholz, H.-G.: Die Archäologenfreundschaft zwischen Heinrich Schliemann und Friedrich Schlie – Der Briefwechsel zweier bedeutender Archäologen. Mitteilungen aus dem Heinrich-Schliemann-Museum Ankershagen 3 (Ankershagen 1995). [**BW Schlie**]

*Herrmann, J. / E. Maaß (Hrsg.): Die Korrespondenz zwischen Heinrich Schliemann und Rudolf Virchow 1876 – 1890 (Berlin 1990). [**BW Virchow**]

Lilly, E.: Schliemann in Indianapolis (Indianapolis 1961).

*Meyer, E. (Hrsg.): Briefe von Heinrich Schliemann (Berlin – Leipzig 1936). [**BW Briefe**]

*Meyer, E. (Hrsg.): Heinrich Schliemann. Briefwechsel 1: 1842 – 1875 (Berlin 1953). [**BW Meyer I**]

*Meyer, E. (Hrsg.): Heinrich Schliemann. Briefwechsel 2: 1876 – 1890 (Berlin 1958). [**BW Meyer II**]

*Meyer, E.: Schliemann's Letters to Max Müller in Oxford. Journal of Hellenic Studies 82, 1962, 75 – 105. [**BW Müller**]

*Saherwala, G. / K. Goldmann / G. Mahr: Heinrich Schliemanns »Sammlung trojanischer Altertümer«. Beiträge zur Chronik einer großen Erwerbung der Berliner Museen. Berliner Beiträge zur Vor- und Frühgeschichte N.F. 7 (Berlin 1993). [**BW Berlin**]

*Stoll, H. A.: Abenteuer meines Lebens. Heinrich Schliemann erzählt (Leipzig 1986[4]). [**Amerika-Tagebuch; BW Rust; Ostasien-Tagebuch**]

Weber, S.H.: Schliemann's First Visit to America 1850–51. Gennadeion Monographs 2 (Cambridge / Mass. 1942).

*__**Witte, R.:**__ Endlose Diskussionen um den »Schatz des Priamos«. Neue Erkenntnisse durch Briefe Schliemanns an seinen Verleger Brockhaus? Ethnographisch-Archäologische Zeitschrift 31, 1990, 440–455. [**Witte**]

*__**Zavadil, M.:**__ Ein trojanischer Federkrieg. Die Auseinandersetzung zwischen Ernst Boetticher und Heinrich Schliemann. Veröffentlichungen der Mykenischen Kommission 29 (Wien 2009).

Biographien

Cobet, J.: Heinrich Schliemann, Archäologe und Abenteurer (München 2007[2]). [Erstauflage: 1997.]

*__**Döhl, H.:**__ Heinrich Schliemann, Mythos und Ärgernis (München – Luzern 1981).

*__**Herrmann, J.:**__ Heinrich Schliemann. Wegbereiter einer neuen Wissenschaft (Berlin 1990). [**Herrmann**]

*__**Ludwig, E.:**__ Schliemann. Geschichte eines Goldsuchers (Berlin 1932). [**Ludwig**]

*__**Meyer, E.:**__ Heinrich Schliemann. Kaufmann und Forscher (Göttingen u.a. 1969).

*__**Richter, W.:**__ Heinrich Schliemann. Dokumente seines Lebens (Leipzig 1992). [**Richter**]

Siebler, W.: Troia – Homer – Schliemann. Mythos und Wahrheit (Mainz 1990).

Stoll, H.A.: Der Traum von Troia. Lebensroman Heinrich Schliemanns (Leipzig 1956).

*__**Traill, D.A.:**__ Schliemann of Troy: Treasure and Deceit (London 1995).

Schliemannforschung

Allen, S.H.: Finding the Walls of Troy. Frank Calvert and Heinrich Schliemann at Hisarlık (Berkeley u.a. 1999).

Aslan, R. / A. Sönmez / R. Körpe: Heinrich Schliemanns Ausgrabungen in Troia nach osmanischen Quellen. Studia Troica 18, 2009, 237–248.

Bloedow, E.F.: Die anderen »Sophias« in Schliemanns Leben. Das Altertum 47, 2002, 283–305.

Bölke, W. (Red.): Heinrich-Schliemann-Museum Ankershagen / Mecklenburg. Führer durch die ständige Ausstellung (Ankershagen 2003).

*__**Calder III, W.M.:**__ Schliemann on Schliemann: A Study in the Use of Sources. Greek, Roman and Byzantine Studies 13, H. 3, 1972, 335–353.

Calder III, W.M. / J. Cobet (Hrsg.): Heinrich Schliemann nach hundert Jahren (Frankfurt a.M. 1990).

Calder III, W.M. / D.A. Traill (Hrsg.): Myth, Scandal, and History. The Heinrich Schliemann Controversy and a First Edition of the Mycenaean Diary (Detroit 1986).

*Cobet, J.: Heinrich Schliemann nach hundert Jahren. Die Historisierung von Mythos und Ärgernis. In: W. M. Calder III / J. Cobet (Hrsg.), Heinrich Schliemann nach hundert Jahren (Frankfurt a. M. 1990) 12 – 30.

Cobet, J.: Troia, Jericho und die historische Kritik. In: J. Cobet / B. Patzek (Hrsg.), Archäologie und historische Erinnerung. Nach 100 Jahren Heinrich Schliemann (Essen 1992) 117 – 135.

Cobet, J. / B. Patzek (Hrsg.): Archäologie und historische Erinnerung. Nach 100 Jahren Heinrich Schliemann (Essen 1992).

Easton, D. F.: Schliemann's Mendacity – a False Trail? Antiquity 58, 1984, 197 – 204.

Easton, D. F.: Heinrich Schliemann: Hero or Fraud? Classical World 91, H. 5, 1998, 335 – 343.

Hänsel, A.: Schliemann und Troja. Die Sammlungen des Museums für Vor- und Frühgeschichte 1 (Berlin 2009).

Herrmann, J. (Hrsg.): Heinrich Schliemann. Grundlagen und Ergebnisse moderner Archäologie 100 Jahre nach Schliemanns Tod (Berlin 1992).

Mitteilungen aus dem Heinrich-Schliemann-Museum Ankershagen (zuletzt erschienener Band 9 / 2011).

Mühlenbruch, T.: Heinrich Schliemann. Ein Itinerar. Kleine Schriften aus dem Vorgeschichtlichen Seminar Marburg 58 (Marburg 2010²).

Samida, S.: Heinrich Schliemann und seine Ausgrabungen im Spiegel der Presse: Popularisierung und Medialisierung archäologischer Entdeckungen im 19. Jahrhundert (in Vorbereitung).

*Schindler, W.: Heinrich Schliemann. Leben und Werk im Spiegel der neueren biographischen Forschungen. Philologus 120, 1976, 271 – 289.

Traill, D. A.: Excavating Schliemann. Collected Papers on Schliemann. Illinois Classical Studies Supplement 4 (Atlanta 1993).

Uslu, G.: Ottoman Appreciation of Trojan Heritage 1870 – 1875. Tijdschrift voor Mediterrane Archeologie (TMA) 21, Nr. 41, 2009, 4 – 10.

Zimmermann, K.: Heinrich Schliemann – ein Leben zwischen Traum und Wirklichkeit. Klio 64, H. 2, 1982, 513 – 531.

Zeitgenössische Publikationen bzw. Erinnerungen von Zeitgenossen an Schliemann

*Boetticher, E.: Hissarlik wie es ist. Fünftes Sendschreiben über Schliemann's Troja (Berlin 1890).

*von Bülow, B. Fürst: Denkwürdigkeiten, 4: Jugend- und Diplomatenjahre (Berlin 1931).

*Conze, A.: Trojanische Ausgrabungen. Preußische Jahrbücher 34 / 4, 1874, 398 – 403.

*Curtius, E.: An Herrn Professor Adolf Michaelis. Im neuen Reich 6, 1876, 212 – 216.

*Greifenhagen, A. (Hrsg.): Adolf Furtwängler: Briefe aus dem Bonner Privatdozentenjahr 1879/90 und seiner Tätigkeit an den Berliner Museen 1880 – 1894 (Stuttgart u. a. 1965).

*Schlie, F.: Das Leben Schliemanns. Im neuen Reich 6, 1876, 281 – 291.

*Schuchhardt, C.: Schliemann's Ausgrabungen in Troja, Tiryns, Mykenä, Orchomenos, Ithaka im Lichte der heutigen Wissenschaft (Leipzig 1890). [Die zweite, deutlich erweiterte Auflage erschien bereits 1891; sie wurde für dieses Buch herangezogen.]

*Virchow, R.: Erinnerungen an Schliemann, I – III. Die Gartenlaube, H. 4, 7, 18, 1891.

Nachlass und Bibliographie Heinrich Schliemanns

Easton, D. F.: The Schliemann Papers. The Annual of the British School at Athens 77, 1982, 93 – 110.

Kennell, S. A. H.: Schliemann and His Papers. A Tale from the Gennadeion Archives. Hesperia 76, 2007, 785 – 817.

Korres, G.: Bibliographia Herriku Sleman. Bibliotheke tes En Athenais Archaiologikes Hetaireias 78 (= Library of the Archaeological Society of Athens) (Athen 1974).

Troiaforschung und der ›neue‹ Troia-Streit

Aslan, R. / S. W. Blum / G. Kastl / F. Schweizer / D. Thumm (Hrsg.): Mauerschau. Festschrift für Manfred Korfmann (Remshalden-Grunbach 2002).

Cobet, J. / H.-J. Gehrke: Warum um Troia immer wieder streiten? Geschichte in Wissenschaft und Unterricht 53, H. 5 / 6, 2002, 290 – 325.

Easton, D. F.: Schliemann's Excavations at Troia 1870 – 1873. Studia Troica Monographien 2 (Mainz 2002).

Gamer-Wallert, I. (Hrsg.): Troia. Brücke zwischen Orient und Okzident (Tübingen 1992).

Hertel, D.: Troia. Archäologie, Geschichte, Mythos (München 2008[3]).

Jablonka, P.: Rezension zu: F. Kolb, Tatort »Troia«. Geschichten, Mythen, Politik (München 2010). Jahresbericht für Mitteldeutsche Vorgeschichte 92, 2008 (2011) 527 – 555.

Kolb, F.: Ein neuer Troia-Mythos? Traum und Wirklichkeit auf dem Grabungshügel von Hisarlik. In: H.-J. Behr / G. Biegel / H. Castritius (Hrsg.), Troia – Traum und Wirklichkeit. Ein Mythos in Geschichte und Rezeption (Braunschweig 2002) 8 – 40.

Kolb, F.: Tatort »Troia«. Geschichten, Mythen, Politik (München 2010).

Korfmann, M. O. (Hrsg.): Troia. Archäologie eines Siedlungshügels und seiner Landschaft (Mainz 2006).

Latacz, J.: Troia und Homer. Der Weg zur Lösung eines alten Rätsels (Leipzig 2005[5]).

Samida, S.: Archäologische Quellen: Zwischen historischer Realität und historischer Fiktion. Anmerkungen zur Troia-Debatte. Archäologisches Korrespondenzblatt 26, 2006, 37 – 47.

Samida, S.: Archäologische Bodendenkmale: Zur Aneignung alter Kulturlandschaft. Archiv für Mediengeschichte 7, 2007, 105 – 116.

Schweizer, B. / T. L. Kienlin: Das Troia-Symposium in Tübingen. Eine Diskussion um Geschichte und Archäologie. Hephaistos 19 / 20, 2001 / 2002, 7 – 38.

Studia Troica (zuletzt erschienener Band 19 / 2010).

Troia – Traum und Wirklichkeit. Begleitband zur Ausstellung (Stuttgart 2001).

Ulf, C. (Hrsg.): Der neue Streit um Troia. Eine Bilanz (München 2004[2]).

Ulf, C. / R. Rollinger (Hrsg.): Lag Troia in Kilikien? Der aktuelle Streit um Homers Ilias (Darmstadt 2011).

Zimmermann, M. (Hrsg.): Der Traum von Troia. Geschichte und Mythos einer ewigen Stadt (München 2006).

Homerforschung

Latacz, J.: Homer. Der erste Dichter des Abendlands (Düsseldorf – Zürich 2003[4]).

Latacz, J. u. a. (Hrsg.): Homer. Der Mythos von Troia in Dichtung und Kunst (München 2008).

Patzek, B.: Homer und seine Zeit (München 2002).

Rengakos, A. / B. Zimmermann (Hrsg.): Homer-Handbuch. Leben – Werk – Wirkung (Stuttgart 2011).

Ulf, C.: Die homerische Gesellschaft. Materialien zur analytischen Beschreibung und historischen Lokalisierung. Vestigia 43 (München 1990).

Ulf, C.: Herkunft und Charakter der grundlegenden Prämissen für die Debatte über die historische Auswertung der homerischen Epen. Klio 84, 2002, 319 – 354.

Archäologie im 19. Jahrhundert

Eberhardt, G.: Spurensuche in der Vergangenheit. Eine Geschichte der frühen Archäologie (Darmstadt 2010).

*****Maier, F. G.:** Von Winckelmann zu Schliemann – Archäologie als Eroberungswissenschaft des 19. Jahrhunderts (Opladen 1992).

Marchand, S. L.: Down from Olympus. Archaeology and Philhellenism in Germany, 1750 – 1970 (Princeton 1996).

*****Michaelis, A.:** Die Archäologischen Entdeckungen des neunzehnten Jahrhunderts (Leipzig 1906).

Samida, S. (Hrsg.): Inszenierte Wissenschaft: Zur Popularisierung von Wissen im 19. Jahrhundert (Bielefeld 2011).

Samida, S.: Literatur, Geschichte und Archäologie im 19. Jahrhundert: Der Burghügel von Hisarlık. In: S. Burmeister / N. Müller-Scheeßel (Hrsg.), Fluchtpunkt Geschichte: Archäologie und Geschichtswissenschaft im Dialog. Tübinger Archäologische Taschenbücher 9 (Münster u. a. 2011) 73 – 92.

Samida, S.: Archäologische Berichterstattung in der Presse des 19. Jahrhunderts: Plädoyer für medienhistorische Forschungen. Saeculum 61, 2011 (im Druck).

Schweizer, B.: Ernst Curtius (1814 – 1896): Berlin – Athen – Olympia. Archäologie und Öffentlichkeiten zwischen Vormärz und Kaiserreich. Saeculum 61, 2011 (im Druck).

Trümpler, C. (Hrsg.): Das große Spiel. Archäologie und Politik zur Zeit des Kolonialismus (1860 – 1940) (Köln 2008).

*Zintzen, C.: Von Pompeji nach Troia. Archäologie, Literatur und Öffentlichkeit im 19. Jahrhundert. Comentarii 6 (Wien 1998).

Einführungswerke in die Prähistorische Archäologie

*Eggert, M. K. H.: Prähistorische Archäologie: Konzepte und Methoden (Tübingen – Basel 2012[4]).

Eggert, M. K. H. / S. Samida: Ur- und Frühgeschichtliche Archäologie (Tübingen – Basel 2009).

Renfrew, C. / P. Bahn: Archaeology: Theories, Methods, and Practice (London 2008[5]).

Trachsel, M.: Ur- und Frühgeschichte. Quellen, Methoden, Ziele (Zürich 2008).

Websites (letzter Zugriff jeweils 19.12.2011)

Heinrich-Schliemann-Museum Ankershagen: <http://schliemann-museum.de>
Heinrich-Schliemann-Gesellschaft: <http://schliemann-museum.de / hsg / >
Digitalisate von Schliemanns Büchern durch die Heidelberger Universitätsbibliothek: <http://digi.ub.uni-heidelberg.de / de / sammlungen / archaeologie.html>
American School of Classical Studies at Athens, Gennadius Library Archives: <http://www.ascsa.edu.gr / index.php / archives / Gennadius-About-the-Archives>

Sach- und Ortsregister

Sowohl Sach- und Orts- als auch Personenregister basieren nicht auf
Begriffsidentität, sondern auf inhaltlicher Entsprechung.

Personenregister

Abbildungsnachweise

Abb. 1: *Kladderadatsch* Jg. 27, H. 14 / 15, 29. März 1874.

Abb. 2: Photo: S. Samida.

Abb. 3: Entwurf D. Seidensticker; verändert nach J. Herrmann, Heinrich Schliemann. Wegbereiter einer neuen Wissenschaft (Berlin 1990) 24 – 25.

Abb. 4: Entwurf D. Seidensticker; verändert nach J. Herrmann, Heinrich Schliemann. Wegbereiter einer neuen Wissenschaft (Berlin 1990) 26.

Abb. 5: Entwurf D. Seidensticker.

Abb. 6: Entwurf D. Seidensticker; verändert nach J. Latacz, Troia und Homer. Der Weg zur Lösung eines alten Rätsels (Leipzig 2005) 24 Abb. 1; H. Schliemann, Ilios. Stadt und Land der Trojaner (Leipzig 1881) Plan V.

Abb. 7: Entwurf D. Seidensticker; verändert nach H. Schliemann, Troja: Ergebnisse meiner neuesten Ausgrabungen auf der Baustelle von Troja, in den Heldengräbern, Bunarbaschi und anderen Orten der Troas im Jahre 1882 (Leipzig 1884) Plan VII; M. Korfmann, Troia – Reinigungs- und Dokumentationsarbeiten 1987, Ausgrabungen 1988 und 1989. Studia Troica 1, 1991, 23 Abb. 23.

Abb. 8: Entwurf D. Seidensticker; verändert nach M.O. Korfmann, Troia – Archäologie eines Siedlungshügels und seiner Landschaft. In: Ders. (Hrsg.), Troia. Archäologie eines Siedlungshügels und seiner Landschaft (Mainz 2006) 5 Abb. 5.

Abb. 9: H. Schliemann, Troy and its Remains: A Narrative of Researches and Discoveries Made on the Site of Illium, and the Trojan Plain (London 1875) 32 Taf. III.

Abb. 10: Entwurf D. Seidensticker; verändert nach P. Jablonka / E. Pernicka, Vorbericht zu den Arbeiten in Troia 2007 und 2008. Studia Troica 18, 2009, 18 Abb. 20.

Abb. 11: Verändert nach C. Schuchhardt, Schliemann's Ausgrabungen in Troja, Tiryns, Mykenä, Orchomenos, Ithaka im Lichte der heutigen Wissenschaft (Leipzig 1891²) 176 Abb. 144 und 145.

Abb. 12: H. Schliemann, Mykenae. Bericht über meine Forschungen und Entdeckungen in Mykenae und Tiryns (Leipzig 1978) 332 Abb. 474.

Abb. 13: Verändert nach C. Schuchhardt, Schliemann's Ausgrabungen in Troja, Tiryns, Mykenä, Orchomenos, Ithaka im Lichte der heutigen Wissenschaft (Leipzig 1891²) Taf. VI.

Abb. 14: Verändert nach H. Schliemann, Tiryns: Der prähistorische Palast der Könige von Tiryns. Ergebnisse der neuesten Ausgrabungen (Leipzig 1886) 357 Abb. 125; Taf. 1; A. Gorys, Wörterbuch der Archäologie (München 1997) 489.

Abb. 15: *The Illustrated London News*, 31. März 1877.

Abb. 16: Photo: S. Samida.